아들아, 머뭇거리기에는 인생이 너무 짧다

3 리더십 편

이원설 · 강헌구 지음

한 언 HANEON.COM

아들아, 머뭇거리기에는
인생이 너무짧다 3

펴 냄	2003년 7월 10일 1판 1쇄 박음 / 2012년 7월 1일 1판 25쇄 펴냄
지은이	이원설 · 강헌구
펴낸이	김철종
펴낸곳	(주)한언
	등록번호 제1-128호 / 등록일자 1983. 9. 30
주 소	서울시 마포구 신수동 63-14 구 프라자 6층(우 121-854)
	TEL. (대)701-6616 / FAX. 701-4449
책임편집	신혜진
디자인	이민석
홈페이지	www.haneon.com
e-mail	haneon@haneon.com

저자와의 협의하에 인지 생략

ISBN 978-89-5596-594-0   03370
ISBN 978-89-5596-584-1   03370(세트)

아들아, 머뭇거리기에는
인생이 너무 짧다 3

사랑하는 내 딸아

이제 모두와 더불어 꿈을 현실로 만들어가는 슬기를 배울 때다

혜원아,

며칠 전 나는 네 엄마와 함께 등산을 하다가 부모의 손을 꼭 잡고 산을 오르는 여자아이를 보았다. 네 엄마와 나는 그 풍경을 흐뭇하게 바라보다가 네가 딱 그만 했을 때를 떠올리며 이야기를 나누게 되었다.

이건 25년 전, 그러니까 니가 3살 때 있었던 일인데 그날은 추석 전날이었다. 나는 출근했고 네 엄마는 혼자 너와 연년생인 봉국이를 데리고 의정부에 계시는 할머니·할아버지 댁에 갔었지. 네 엄마는 그날 일을 아직까지도 잊을 수가 없다고 하더구나.

그날 분유통에 우유병, 기저귀, 잠옷, 상비약까지 짐 보따리가 너무 많아서 네 엄마는 정신없이 바빴다더구나. 그래서 혜원이 너한테 가방을 하나 던져주고, 또 그 앞에 챙겨야 할 물건들도 던져놓고 무조건

다 챙기라고 그랬다지? 너는 아마 기억을 못 할 테지만 말이다. 그러고 나서 "봉국이 옷 입혀라, 양말 신겨라, 신발 찾아라." 정신없이 주문을 쏟아냈는데도 너는 가방을 끌어안고 하나하나 차곡차곡 너무나 잘 챙겨 넣었다면서 네 엄마는 빙그레 웃음을 지어 보였다.

아마 네 엄마에게는 그때 너의 모습이 지금도 눈에 선한 모양이다. 그리고 엄마가 뭐라고 덧붙였는지 아니? "정말 기가 막혔죠. 그때 혜원이는 3살이었는데 한 13살은 된 것처럼 보였어요. 철도 어지간히 일찌감치 들더라고요."

그랬다. 너는 빨랐다. 빠르고 정확했다. 먼저 할 일과 나중에 할 일을 분간할 줄 알았고, 네가 하고 싶은 것은 뭐든 다 혼자 알아서 하면서 칭얼대거나 조르지도 않았다. 용돈이 모자라 늘 불편해하면서도 그 어떤 친구 앞에서도 항상 당당하고 긍정적이었다.

초등학교 시절, 집에 피아노가 없어서 너는 피아노학원에서 교습을 다 마치고서도 한참을 더 기다렸다가 피아노에 자리가 나면 그제서야 피아노를 더 치고 집으로 돌아오곤 했지. 그러면서도 너는 피아노를 사달라고 한 번도 조르지 않았었다.

고등학교 1학년 때 네가 디스크에 걸려서 잠시 학교를 몇 달 간 휴학할 때 남들은 다 학교에 다니는데 너는 혼자 누워만 있어야 하는 답답함을 잘 살펴주지도 못하고 네 엄마는 직장 다닌다는 이유로 휑하니 나갔다 점심시간에 잠시 들러서 밥만 주고, 나는 병원에 데리고 가는 시간약속도 잘 안 지켰었지. 네가 볼 때는 야속하기도 했을 텐데 너는 단 한 번도 짜증을 내지 않았다.

그때부터 난 네 인생의 여정이 어떻게 펼쳐지리라는 것을 대강은 짐작할 수 있었고 또 넌 그 짐작에서 크게 벗어나지 않았다. 넌 "내 앞가림을 잘하면 그게 바로 남을 돕는 거야"라고 하던 네 말버릇 그대로 최소한 나와 네 엄마에게 짐이나 걱정거리를 안겨주지는 않았지. 대학에 갈 때도, 취직을 할 때도, 그리고 심지어는 결혼할 때도 그냥 알아서 척척. 언제, 어디서나 너는 우리의 손길이 닿기 전에 너무나도 너의 앞가림을 잘해주었단다.

그렇지만 혜원아!

그런 믿음직한 우리 딸이 대학을 나와 결혼을 하고 커리어우먼으로 인정받아 다시 새로운 도약을 위해 해외진출을 시도할 정도로 다 컸는데도 새삼 내 마음 한 구석이 왠지 모르게 무지근하고 고개가 갸우뚱해지는 이유는 무엇일까?

아마도 "내 앞가림을 잘하면 그게 바로 남을 돕는 거야"라는 네 그 한마디 때문인 것 같다. 네가 여전히 그런 생각을 하고 있을 거라는 염려 때문이지. 이젠 그 말이 "남을 섬기는 것이야말로 내 앞가림을 제대로 하는 거야"로 바뀌어야 할 때가 되지 않았을까?

언젠가 대학시절에 동창회 카페에 들렀다가 네가 이런 글을 남겼었다고 했지? "나는 ○○년도에 ○○초등학교 어린이회장을 한 아무개입니다. 연락 주십시오." 이 글을 읽고 한 동창이 네가 너무 잘난 체한다는 말을 해 구설수에 휘말렸다면서 너는 무척이나 답답해했었지. 아마 네가 다른 사람의 마음을 잘 헤아리지 못했기 때문에 이런 일이 벌어졌던 걸 게다.

또 중학교 2학년 때 너는 현관문을 열고 집에 들어서자 마자 울음을 터뜨린 적도 있었지. 학급 회의에서 심한 의견충돌로 반 아이들과 대립하다가 너는 결국 '왕따' 가 되었다며 참 힘들어했었다. 그때 너는 너무 네 주장에만 빠지다가 보니 다른 사람의 입장에서 생각해볼 여유가 없었던 거야. 그래서 아무도 네 의견에 동조하지 않았던 거였고. 너는 받아들여지기만 바라고 받아들일 줄은 몰랐던 거지. 지금은 직장생활도 할 만큼 했으니 그런 건 이미 다 터득을 했겠지만 나는 아직까지도 그 생각이 난단다.

너의 말은 언제 들어도 앞뒤가 딱딱 맞고 빈틈이 없다. 하지만 이 애비가 듣기에는 빈틈이 너무 없다보니 탕탕 튕기는 것 같은 느낌을 주는구나. 컴퓨터에게 하는 말이라면 네 말은 소위 '코드가 맞는' 말이겠지만 그게 사람에게는 잘 안 맞을 것 같구나. 동네 사람들이 너보다 네 동생이 더 귀엽다고 하는 말도 아마 그런 뜻일 게다.

대학시절의 너를 보면 취미활동은 열심히 했지만 봉사활동에는 소극적이었던 같구나. 그래서 그런지 뭔가 자기희생이 결여된 것 같은 느낌도 들고, 또 시대적인 이슈를 놓고 진지하게 고민하는 시간은 별로 길지 않았던 것도 마음에 걸리는구나.

너의 좌우명은 '피할 수 없는 일은 즐겨라' 라는 것이었지. 그 좌우명과 같이 너는 네 앞가림을, 네가 해야 할 일을, 네 자신을 너무도 잘 관리해왔지. 그런데 자기에게 충실하다보니 상대적으로 남을 살피고 돌보고 때에 맞는 위로와 격려의 말 한마디를 건넬 줄 아는 배려는 부족하지 않을까 하는 염려를 떨쳐낼 수가 없구나.

나는 이제 어엿한 셀프리더로 성장한 나의 딸이 거기서 한 걸음 더 나아가 정말로 인정받는 슈퍼리더가 되길 바란다. 앞에 또는 위에 있는 리더가 아니라 뒤에 또는 아래에서 진정 따뜻하고 넉넉한 아량으로 다른 사람을 섬기는 자가 되길 바란다. 너 혼자 성공하는 것이 아니라 네게 가장 소중한 사람들, 세상에서 네가 가장 사랑하는 사람들이 성공할 수 있도록 네 것을 다 나누어주는 것을 네 성공의 척도로 삼기를 이 애비는 바란다. 그런 사람이야말로 진정 이 시대에 필요한 리더일 게다.

2003년 여름에
아버지가

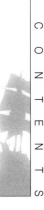

프롤로그 … 사랑하는 내 딸아

1. 나는 리드한다. 고로 존재한다

2. 공부 잘하고 출세해야 리더인가?

3. 셀프리더십 :
나를 나의 목적지까지 이끌어가는 에너지

4. 슈퍼리더십 :
모두와 더불어 꿈을 현실로 만드는 슬기

5. 고결한 영혼 :
리더십의 영원한 다이너모

1

나는 리드한다. 고로 존재한다

생사의 기로에서 운명을 바꿔놓은 리더십의 힘 I 나는 세상을 향해 나를 다루는 법을 가르치며 산다 I 나에게 영향을 주는 최종요소는 나 자신이다 I 나의 변화가 세상을 움직이는 힘이다 I 나는 죽을 때까지 나 자신을 리드하며 살아야 한다

사람은 날마다 누군가를 리드하면서 살아갑니다. 그러면서 동시에 누군가의 리드를 받으면서 살아갑니다. 교사는 학생을, 부모는 자녀를, 상사는 부하를, 선배는 후배를 리드하며 누구나 곁에 있는 이웃과 친구를 리드합니다. 또한 사람은 타인뿐 아니라 자기 자신을 리드하는 존재입니다. 아무도 리드하지 않고 있다면, 그 사람은 이미 죽은 것과 다름없습니다. 우리는 리드합니다. 그러므로 존재합니다.

리더십은 잘나고 출세해서 우두머리 역할을 하는 사람들에게만 필요한 무기가 아닙니다. 리더십은 되고 싶은 사람이 되어서 하고 싶은 일을 하고자 하는 사람, 자신의 힘으로 자기를 목표지점까지 이끌어 가고자 하는 사람, 그리고 화려한 각광을 받지는 못하더라도 이웃을 위해 작은 봉사를 실천하려는 모든 사람이 반드시 수련하고 실천해야 하는 삶의 슬기입니다.

부모로서, 직업인으로서, 이웃으로서, 그리고 시민으로서 자신의 역할을 감당하면서 자기만의 소중한 꿈을 현실로 이루자면 반드시 탁월한 리더십이 필요합니다. 꿈을 현실로 이뤄내는 기초자본은 학력도, 배경도, 두뇌도 아닙니다. 그것은 오직 자신의 힘으로 '젖과 꿀이 흐르는 땅으로' 자기를 이끌어 가는 에너지, 즉 리더십에서 나옵니다.

자기 자신을 성공적으로 리드하는 사람이 다른 사람들도 옳게 리드하며, 나아가 세상에 유익을 끼칩니다. 리더십은 자신을 변화시키고 세상을 변화시키는 힘입니다. 세상과 영향력을 주고받으면서 자기를 바로 세우는 힘, 자기와 세상을 옳게 이끌어가는 삶의 원동력, 이것이 바로 리더십입니다. 리더십은 생사의 기로에서 운명을 바꿔놓기도 하고, 황무지에 낙원을 건설할 수 있는 힘을 부여하기도 합니다.

지금 우리 주변에는 돈이나 권세를 움켜쥐었으면서도 절망 속에서 신음하고 있는 사람들이 너무나 많습니다. 자신을 자기내면의 정직한 목적지로 옮겨놓지 않고 남들이 알아주는 곳으로만 이끌어갔기 때문입니다. 돈이 없어도, 번듯한 지위가 없어도 충분한 수련만 쌓는다면 자기자신과 주변 사람들을 옳게 리드하는 탁월한 리더가 될 수 있습니다.

지금 당신이 어디서, 무엇을 하고 있던지 당신은 세상의 영향을 받고 있으며 동시에 세상에 영향을 주고 있습니다. 세상이 당신에게 끼치는 영향력을 긍정적인 것으로 전환시키기 위해서, 그리고 당신이 세상에 미치는 영향력을 자신의 꿈을 성취하는 데에 집중시키기 위해서 당신은 리더십을 발휘해야만 합니다. 꿈을 현실로 만들기 위해 당신에겐 리더십이 필요합니다.

❀ ❀ ❀

생사의 기로에서
운명을 바꿔놓은 리더십의 힘

억만 금을 다스린 정직한 지갑

　1951년 1월 초, 거리는 폐허가 되고 모든 사람이 1·4 후퇴 피난길에 오를 준비를 하고 있을 때였습니다. 어떤 사나이가 가방을 들고 서울 시내의 한 은행 문을 밀고 들어갔습니다. 들어가 보니, 은행의 직원들은 거의 모두 이미 피난을 떠났고 출납계원들만 남아서 서류를 태우고 있었습니다.

　"여기 빌린 돈을 갚으러 왔습니다."

　사나이가 서류 가방을 열면서 말했습니다.

　"빌린 돈을 갚겠다고요? 지금 이 전쟁 난리통에? 높은 분들은 모두 부산으로 갔어요. 대출장부가 어디 있는지도 모릅니다. 일부는 부산에 있고, 일부는 분실되었어요. 돈을 빌려간 대부분의 사람들은 이젠 돈을 갚지 않아요. 아마 당신의 대출장부도 분실됐을 걸요?"

　이 말을 듣고 그 사나이는 잠시 어떻게 할까 망설였습니다. '이 사람들이 그 돈을 자기네 주머니에 넣어버리지 않는다는 보장도 없지 않은가? 라는 생각이 드는 동시에 돈을 갚는 게 무의미할 수도 있다는 회의적인 생각이 들었습니다. 그 순간 사나이의 머릿속에는 그 옛날 만주에서 사업을 하다가 인민재판을 받았던 일이 떠올랐습니다.

1945년 가을, 만주로 진격해 들어가던 중국 공산군이 그가 살고 있는 마을까지 점령했습니다. 그들은 그가 운영하고 있는 작은 공장에 들이닥쳤고 그를 부르주아로 지목했습니다. 이윽고, 그의 공장 마당에서 생사를 가르는 인민재판을 열었습니다. 독수리눈에 광대뼈가 툭 튀어나온 공산군 검사가 소리를 냅다 질렀습니다.

"동무들! 여기 우리의 적인 조선 자본주의자가 있습니다. 저놈은 땡전 한 푼 없이 10년 전에 이 땅에 들어와 이곳의 꼭두각시인 헨리 푸이 *Henry Pu-yi* 황제의 비호 아래 중국 땅을 지배하던 일본 관동군에 빌붙어서 자기 배를 불려온 자본주의자입니다. 이놈은 악질이오, 우리는 이놈을 용서해서는 안 되오. 여러분들의 결정은 어떻소? 우리 공산군은 이 공장 밖에서 여러분들의 결정을 기다리고 있겠소. 어서 이야기들 나누시오."

고소를 당한 그는 눈을 감았습니다. 머리는 온통 흐트러지고 입술은 바짝 말라 초췌하고 창백해 보였습니다. '집사람과 아이들은 어찌되었을까?' 머릿속에 아내와 아이들의 얼굴이 떠올랐지만 살아남을 희망이라곤 전혀 없어 보였습니다. 공산군 검사가 한 이야기는 모두 거짓말이었지만 그에게는 자신을 방어할 길이 없었습니다. 그의 종업원들도 공장 뜰에서 이 광경을 지켜보고 있었지만, 종업원들의 숫자보다는 거칠고 강인해 보이는 낯선 사람들의 수가 훨씬 많았습니다. 그는 절망에 빠져 머리를 숙였습니다.

그때 갑자기 군중 속에 있던 한 남자가 말문을 열었습니다. "존경하는 재판장 동무, 저 동무는 자본주의자이기는 하지만 훌륭한 자본주의자였다고 말씀드려야만 하겠습니다. 그는 이 공장을 세운 이래로 종업원들에게 이 지역에서 최고로 넉넉한 품삯을 주었습니다. 종업원 가족 중에 누가 병이라도 들면 병원에 데려가 치료를 해주었고, 우리 아이들의 학비까지도 마련해주었습니다. 우리는 그에게 원한을 품을 만한 일이 전혀 없습니다. 그를 죽여서는 안 됩니다." 이 장면을 지켜보던 수많은 노동자들이 그때서야 하나 둘씩 그를 옹호하는 말들을 했습니다.

공산군 검사는 노동자들의 말에 화가 나서 잠시 아무 말도 할 수가 없었습니다. 그렇지만 결국에는 이렇게 말할 수밖에 없었습니다. "오늘은 이 인민법정을 폐정하지만 저놈에 대해 여론이 일면 다시 만납시다."

바로 그날 밤, 몇 명의 노동자들이 그가 갇혀 있던 감방에 잠입해 들어와 그를 탈출시켰기 때문에 지금 이 은행에 와 있을 수 있던 것입니다.[1]

잠시 옛 생각에 잠겼던 사나이는, 기어이 은행 빚을 갚겠다고 했고 영수증에 그 은행원들의 도장을 찍으라고 청했습니다.

돈을 갚고 나서 그는 가족들을 데리고 제주도로 갔고 거기서 군대에 식품을 납품하는 일을 시작했습니다. 그러다가 사단장 한 사람이 그의 정직한 품성을 알아보고 생선을 납품해줄 것을 요청했습니다. 그는 될 수 있는 한 가격을 낮추면서도 품질을 유지하며 납품기일을 지키는 데에 주력했습니다. 그러자 곧 신선한 생선을 더 많이 공급해달라는 요청이 물 밀듯이 밀려들어 왔습니다.

계약을 맺기는 했지만 그는 그 물량을 다 소화하기 위해서는 큰 배를 구입해서 직접 물량을 조달해야겠다고 생각했습니다. 그러나 배를 구입하려면 최소한 2백만 원은 있어야 했고, 그에게는 그만한 돈이 없었습니다. 그는 융자를 받기 위해 부산으로 건너가 은행 본점을 찾았습니다. 융자신청을 했지만 대출과장은 거절했습니다. 전쟁중이라는 험악한 경제조건 하에서 대출을 해주는 것은 위험부담이 너무 컸기 때문에 은행은 그저 예금을 높이는 데에만 전력을 쏟고 있었던 것입니다.

대출받기를 포기하고 은행 문을 나서려다가 서울에서 자기가 갚은 빚은 잘 정리되었는지를 알아봐야겠다는 생각이 들었습니다. 영수증을 꺼내서 대출과장에게 보여주며, 전에 자기가 갚은 돈은 잘 처리되었는지 확인해달라고 말했습니다.

바로 그 영수증이 모든 것을 바꿔놓았습니다.

"아! 바로 당신이었군요!" 과장이 외쳤습니다.

"중국 군대가 서울에 들어오기 바로 몇 시간 전에 빚을 갚은 사람이 있다는 말을 들었을 때 우리는 귀를 의심했습니다. 당신의 이야기는 은행가에서 전설이 됐지요. 당신을 행장님에게 소개하고 싶습니다. 저를 따라오세요."

은행장은 울먹이면서 그의 손을 꼭 잡았습니다.

"당신같이 정직한 사업가들이 더 많았으면 좋겠습니다. 사업을 하는 대부분의 사람들은 속임수를 쓰지 않고는 돈을 모을 수 없다고 생각하지요. 그러나 당신은 정직한 사업거래의 모델이자 본보기입니다. 지금 얼마가 필요하십니까? 은행의 융자재원은 충분치 않지만 당신을 돕기 위해서라면 최선을 다하고 싶습니다."

그는 은행장에게 필요한 금액을 말하면서, 지금 자신에게는 담보로 내세울 만한 것도 하나도 없다고 말했습니다.

"걱정하지 마십시오. 담보가 없으면 배를 구입하신 후에 그 배를 담보로 하면 됩니다."

그는 그렇게 해서 필요한 돈을 대출받아 배를 구입할 수 있었습니다. 그가 바로 오늘날 한국의 유리공업을 선도하고 있는 한국유리 주식회사를 창업한 최태섭입니다. 한국유리사를 창업한 기초자본은 그렇게 해서 축적된 것입니다.[2]

만주에서 있었던 인민재판에서 그가 살아남을 수 있었던 것은 그가 종업원들에게 끼친 영향력 때문입니다. 그가 종업원들에게 보여준 모든 행동들은 결국 그들을 움직이는 힘이 되었습니다. 중국 군대의 공격이 임박한 때에 빚을 갚을 것이냐 말 것이냐, 결단이 필요한 순간 만주에서 있었던 인민재판을 생각하면서 빚을 갚는다는 선택을 한 것 또한 뒤에 세상에 대한 그의 영향력을 높여주었습니다.

그런 경험은 최태섭에게 '오직 정직한 지갑만이 억만금을 다스리는 힘의 원천'이라는 믿음을 주었고, 중요한 고비마다 그 믿음을 기준으로 선택하면 최선의 결과를 낼 수 있다는 확신을 갖게 되었습니다. 그는 실제로 그 믿음에 따라 행동함으로써 자기와 세상을 옳게 이끌어 갈 수 있었습니다.

최태섭은 세상에 바람직한 영향을 주고 세상이 자기에게 바람직한 영향을 미치게 하는 법, 스스로 자기에게 긍정적인 영향을 주는 법과 자신의 변화를 세상의 변화로까지 확장시키는 방법, 그래서 결과적으로 자신의 운명을 바꾸어놓는 방법을 터득한 사람이었습니다. 이것이 바로 리더십이며 리더십은 운명도 바꿀 수 있는 힘입니다.

당신의 생각은?

— 예시를 참고하여 자신만의 문장으로 완성하십시오.

만주에서의 인민재판과 부산에서의 은행거래 경험은 최태섭에게 '오직 정직한 지갑만이 억만금을 다스리는 힘의 원천'이라는 믿음을 주었고, 중요한 고비마다 그 믿음을 기준으로 행동함으로써 자기와 세상을 옳게 이끌어갈 수 있었다. 나도 최태섭의 '정직한 지갑', 혹은 '은행거래'와 같은 경험을 살려 세상을 옳게 이끌어가고자 한다.

_____

_____

_____

예1) 작년 여름 수해 때 봉사활동을 하며 수재민들과 함께 보낸 이틀간의 경험은 나에게 '나눔의 기쁨'이 세상에서 가장 큰 기쁨이라는 생각이 들게 했다. 나는 앞으로 모든 선택의 순간에 '나눔의 기쁨'을 기준으로 삼고 행동할 것이다.

예2) 나에게 있어서 최태섭의 '정직한 지갑'에 해당하는 것이 있다면 그것은 '웃는 얼굴로 먼저 말을 거는 것'이다.

예3) 나에게 있어서 '은행거래' 에 해당하는 경험이 있다면 그것은 신호를 지킴
으로써 생명을 건진 일이다. 나는 언제나 원칙을 지킨다는 믿음에 따라 행
동할 것이다.

🎼 리더십 리포트 *Leadership Report*

최태섭 회장은 기업의 사회적 역할과 책임을 강조하는 '청지기철학'
을 펼친 기업인으로 유명하다. 기업인이 거대한 기업을 일궈놓더라도
그 기업을 영원히 소유할 수 없으며 잠시 관리만 맡고 떠날 뿐이라는
것이다. 이 같은 경영철학을 바탕으로 유리산업에 뛰어든 지 40년 만
에 한국유리를 세계 10대 유리전문회사로 성장시켰다. …

(문화일보 1998. 6. 1)

⋯ 사람은 각자 나름의 리더십 요소를 가지고 있습니다. 최태섭 회장의 경우에는 정직
함과 청렴결백이 바로 그것입니다. 당신에게는 어떤 리더십 요소가 있는지 곰곰이
생각해보기 바랍니다. 그리고 그 요소를 발전시켜 현실 속에서 리더십으로 발현시
킬 수 있는 방법도 함께 생각해보십시오.

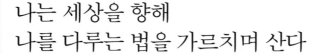

나는 세상을 향해
나를 다루는 법을 가르치며 산다

"난, 괜찮아. 언제라도 때리고 싶으면 때려 줘. 난 당신에게 맞아 죽어도 괜찮아"

의사가 병실의 문을 열고 들어섰을 때 한 중년여성이 의식이 반쯤 나간 상태로 침대에 누워 있었습니다. 그녀의 상태는 말도 겨우겨우 할 수 있을 정도로 심각했습니다. 그녀의 두피는 헤어라인을 따라 찢겨져 있었고, 이마는 만신창이가 되어 살점이 허옇게 드러나 있었습니다. 왼쪽 귀는 거의 떨어져나가 억지로 매달려 있는 형국이어서 급히 수술을 하지 않으면 안 될 지경이었습니다. 아랫니는 입술과 턱 사이의 살을 뚫고 밖으로 나와 있었고, 코도 으스러져 본래의 형태를 알아보기 힘들 정도였습니다. 그 병원은 대형사고가 자주 일어나는 고속도로 인근에 있었습니다. 환자의 상태로 볼 때는 마치 자동차가 폭풍에 휩쓸렸다가 콘크리트 위로 나가떨어진 것 같았습니다. 차가 떨어지는 순간 머리가 도로에 부딪혀서 다친 것으로 보였습니다. 자세한 점검을 하기 전에 우선 대강의 흐름을 알기 위해서 의사가 물었습니다.

"부인, 사고가 어디서 났습니까?"

이 질문은 기초적인 진단을 위한 것으로, 그녀가 기억상실증에 걸려 있다고 해도 해야 하는 질문이었습니다. 물론 이는 사고 시간이나 장소, 사고를 낸 사람의 이름과 같은 법적인 사실과는 전혀 상관없는 질문입니다. 단지 사고가 난 고속도로나 교차로의 명칭을 댈 수 있는지를 확인함으로써 그녀의 의식상태가 어느 정도인가를 알아보고자 했던 것입니다.

그러나 의사는 그녀의 대답을 듣고 기절초풍하지 않을 수 없었습니다. 그녀는 거의 들릴 듯 말 듯한 목소리로 "사고는 거실과 침실에서 났어요"라고 말했습니다. 의사가 자세한 사항을 추궁하자 그녀는 마지못해 남편이 때려서 다쳤다고 고백했습니다. 의사는 황당하다 못해 소름이 끼치고 화가 치밀었습니다. 이 모든 해괴한 상처가 그녀에게 있어서는 삶의 동반자라고 할 수 있는 자가 만든 작품이었기 때문입니다. 환자를 진정시키기 위해 의사가 말했습니다.

"어처구니없는 일이군요. 엄청 놀라셨겠네요."

퉁퉁 부은 핏발 선 눈으로 의사를 응시하며 환자는 이렇게 말했습니다.

"물론이죠. 처음엔…. 그러나 이젠 놀라지도 않아요. 늘 있는 일인 걸요."

의사는 그녀를 안쓰럽게 생각했었지만 그 말을 들은 후부터는 더 이상 그녀가 안쓰러워 보이지 않았습니다. 그녀의 상처가 소름끼치지도 않았습니다. 그저 그 환자의 남편은 지독하게 악랄한 정신병자일 거라는 생각만이 맴돌았고, 무척 혼란스러웠습니다. 그녀의 상처를 바라보면서 의사는 약간 한심하다는 생각이 들었습니다. '저러고 도

나는 세상을 향해 나를 다루는 법을 가르치며 산다

대체 어떻게 살지?

그녀에 관한 진료기록을 검토하면서 의사는 그녀가 수도 없이 응급실을 들락거렸다는 비극적인 사실을 알게 되었습니다. 남편은 과거에 그녀의 갈비뼈를 네 개나 부러뜨렸고, 그녀의 왼손을 벌겋게 타는 부엌 버너에 지졌으며, 두 번이나 때려서 기절시켰습니다. 그녀는 최근 3년 동안에 밥 먹듯이 수술을 했습니다. 그런데도 그녀는 언제나 거짓말까지 해가면서 남편을 옹호했고, 몸이 나으면 다시 남편이 있는 집으로 돌아가곤 했습니다.

이 이야기는 매우 극단적인 예이기는 하지만, 어쨌든 사태가 이 지경이 된 데에는 부인의 책임이 더 큽니다. 그렇게 지독한 일을 당하고도 언제나 남편을 용납하고 계속 함께 지냄으로써 그녀는 남편에게 이렇게 가르친 셈입니다.

"난, 괜찮아. 언제라도 때리고 싶으면 때려 줘. 난 당신에게 맞아 죽어도 괜찮아."[3]

세상이 우리를 무시하고 냉대하고 천덕꾸러기 취급을 한다면, 그건 우리가 세상을 향해서 그렇게 취급해달라고 가르쳤기 때문입니다. 세상이 우리의 말에 귀 기울이지 않고 우리가 원하는 바가 무엇인지 신경을 쓰지 않는다면 그것도 우리가 그에 상응하는 적절한 신호를 보내지 않았기 때문입니다. 반대로 세상이 우리를 존중해주고 신임해주고 우리에게 의지해온다면 우리가 세상을 향해 그런 신호를 보내고, 세상이 그 신호에 응답하지 않을 때에는 적절한 대응조치를 했기 때문입니다.

우리는 리드한다. 고로 존재한다

우리가 지금까지 우리를 어떻게 취급해달라고 세상에 가르쳐 온 것이 사실이라면, 그리고 우리가 가르친 그대로 세상이 우리를 취급하고 있다면, 우리는 세상을 다시 가르칠 수도 있습니다. 한 번 그렇게 가르쳤다고 해서 세상이 영원히 그런 상태로 남아 있는 것은 아닙니다. 언제라도 세상을 향해 '관계개선'을 선언하고 작용을 가하기만 하면 세상이 우리를 취급하는 방식은 달라집니다.

세상은 우리의 의지나 선택과는 상관없이 돌아가는 것처럼 보입니다. 세상의 변화는 우리의 삶에 지대한 영향을 미칩니다. 그러나 우리는 세상이 우리에게 주는 영향을 일방적으로 받기만 하는, 아무 대책도 없는 무기력한 존재만은 아닙니다. 이 사실은 매우 중요합니다.

사람은 누구나 나름대로의 비전과 무엇이 무엇보다 더 중요하다는 생각의 체계를 가지고 있지만 세상이 그것을 허용하지 않는다고 느껴질 때가 많습니다. 그러나 그런 느낌 자체도 우리의 선택에 따라 달라집니다. 의식적으로 우리의 행동을 변화시키면 세상도 변합니다. 자신의 행동을 변화시키고, 그로써 세상을 변화시킬 수 있는 힘은 바로 우리 안에 있습니다.

나는 세상을 향해 나를 다루는 법을 가르치며 산다

❧당신의 생각은?

– 예시를 참고하여 자신만의 문장으로 완성하십시오.

내가 지금까지 세상을 향해 나를 어떻게 취급해달라고 가르쳐 온 것이 사실이라면, 그리고 내가 가르친 그대로 세상이 나를 취급하고 있다면, 나는 세상을 다시 가르칠 수도 있을 것이다. 바로 이 순간 나는 세상을 향해 '관계개선'을 선언하고 세상을 향해 나를 취급하는 방식을 바꾸라는 신호를 보내기 시작할 것이다.

_____

_____

예1) 나는 지금까지 누군가가 나를 나쁜 사람으로 지목하더라도 언젠가는 진실을 알게 될 날이 올 것이라는 막연한 기대감으로 침묵만 했다. 그러나 이제부터는 그런 말을 하는 사람을 보면 일 대 일로 만나서 끝까지 설득하는 집요함을 보여주겠다.

예2) 사람들은 나를 남들과 어울리기를 싫어하는 스타일이라고 잘못 알고 있다. 내가 그런 신호를 보내고 있기 때문이다. 오늘부터는 매일 두 명씩에게 내가 먼저 전화해서 점심을 같이하자고 제안하는 적극성을 보여줄 것이다.

예3) 나는 수업시간에 스스로 손을 들어서 무언가를 이야기하지 않기 때문에 별로 다른 사람들의 관심을 끌지 못하고 있다. 나는 오늘부터 하루에 한 번씩 손을 들어 질문을 던짐으로써 나의 예리함을 알릴 것이다.

··· 반응적 태도를 가진 사람들은 리더십을 발휘하거나 새로운 아이디어를 내는 등의 건설적 행동을 하지 못한다. 이런 태도의 가장 큰 문제는 어떤 새로운 것도 창조할 수 없다는 점이다. 반응적 태도를 가진 사람은 문제가 되는 것을 회피하거나 아예 무시해버리기 때문이다.

한편 창조적 태도를 가진 사람들은 새로운 가능성을 발견하여 끊임없이 자신을 변화시키면서 계속 잘 적응해간다. 그런데 창조적 태도에는 반드시 선행되어야 하는 것이 있다. 그것은 개인적 숙련이다. 개인적 숙련이란 삶에서 우리가 원하는 결과를 계속 효율적으로 창조해가는 능력을 말한다. 그것은 지칠 줄 모르는 내적 동기부여에서 비롯된 힘에 의해 가능하다. ···

(대한매일 2003. 1. 3)

··→ 우리가 세상에 적응해서 행동하는 것처럼, 세상도 우리에게 적응하면서 우리를 대합니다. 세상이 우리를 취급하는 방법을 피동적인 반응으로 그저 받아들이는 것이 아니라 적극적이고 창조적인 자세로 세상과 영향을 주고받을 수 있는 역량, 그것이 바로 리더십입니다.

나에게 영향을 주는
최종요소는 나 자신이다

아우슈비츠 수용소의 포로에게도 최종선택의 여지는 남아 있다

▷ 빅터 프랭클

2차 대전 당시 오스트리아의 심리학자 빅터 프랭클 *Victor Frankl*은 나치에게 체포되어 그 악명 높은 아우슈비츠 *Auschwitz* 수용소에 갇혔습니다. 아내와 부모는 이미 나치 친위대의 손에 살해된 상태였고, 그의 목숨 역시 나치의 손에 달려 있었습니다. 그는 참을 수 없을 만큼의 갖은 모욕을 당했으며, 나치는 그야말로 찰거머리 같이 그의 행동 하나하나를 감시했습니다. 포로들은 매일 보초가 일어서라고 하면 일어섰고, 앉으라는 지시가 있어야만 다시 앉을 수 있었습니다. 일하라면 일하고, 먹으라면 먹고, 자라면 잤으며, 자라는 지시가 없으면 잘 수도 없었습니다. 말하자면 죽으라면 죽고, 살라면 살아야 하는 그야말로 꼼짝달싹도 할 수가 없는 그런 생활이었습니다.

그러나 프랭클은 그런 최악의 상황에서도 나치들의 통제가 미치지 않는 곳이 딱 하나 있다는 사실을 발견했습니다. 바로 '지금 내가 겪고 있는 일을 어떻게 받아들일 것인가' 하는 자신의 태도만은 나치도 어쩌지 못한다는 것을 깨달은 것입니다. 자기에게 일어나고 있는 일을 '어떻게 해석하고, 또 이것에 어떻게 대응할 것이냐' 하는 자기내부의 결정은 나치도 통제하거나 간섭할 수 없는 문제라는 걸 발견했습니다. 주변 상황이 어떻든 간에 어떠한 결정을 내리고 그에 따라 움직이는 것은 어느 누구도 아닌 바로 자기 자신이라는 것을 알아낸 것입니다.

그는 지금 겪고 있는 고초가 아무런 의미도 없는 것이라고 느낀다면 자신은 며칠 못 가서 미쳐 죽을 것이라는 걸 알았습니다. 생각이 거기에 이르자 프랭클은 아주 중요한 결정을 내렸습니다. 자신은 그곳에서 끝까지 살아남기로, 어떻게든 살아남아서 자신이 발견한 것을 세상에 널리 알리기로 결심했습니다. 그리고 정말 살아남아서 《삶의 의미를 찾아서 *Man's Search for Meaning*》라는 책을 세상에 내놓아 그 소중한 발견을 많은 사람들과 나눠가졌습니다.[4]

그 지독한 아우슈비츠 수용소의 나치도 그의 그런 결심에는 어떤 간섭도 할 수가 없었습니다. 자신에게 일어나는 일을 어떻게 대처할 것인가 정하는 사람은 바로 우리 자신입니다. 물론 그 일을 어떻게 해석할 것인가 하는 문제도 역시 우리의 선택입니다. "그들은 내가 가진 모든 것을 송두리째 빼앗아 갔다. 그러나 아직도 나의 태도를 선택하는 힘은 나에게 있다"라는 프랭클의 말은 우리의 선택이 얼마나 중요

나에게 영향을 주는 최종요소는 나자신이다

한지를 잘 말해줍니다.

프랭클은 생지옥이나 다름없는 아우슈비츠 수용소의 경험을 심리학자로서 새로운 발견을 하는 기회로 받아들였습니다. 그리고 그 기회를 끝까지 살리기 위해 모든 선택의 순간마다 '살아남는다' 라는 목적에 초점을 맞췄습니다. 그러한 선택을 하도록 자신에게 영향을 미친 것은 프랭클 자신입니다. 자신의 선택에 영향을 주어 죽음의 그림자만이 가득한 공간에서도 끝까지 살아남을 수 있도록 하는 정신적 에너지가 바로 리더십입니다.

세상이 우리에게 요구하는 것은 우리가 원하는 것이 아닐 때가 더 많습니다. 또 아무리 노력을 많이 해도 원하는 대로 세상이 호락호락 바뀌지도 않습니다. 그러나 우리와 세상 사이에서 일어나는 모든 일의 의미는 세상이 결정하는 것이 아니라, 우리 자신이 결정하는 것입니다. 뉴스는 뉴스일 뿐이지 좋은 뉴스, 나쁜 뉴스가 따로 없습니다. 그 가치는 그 뉴스를 어떻게 해석하느냐에 따라 달라지는 것입니다. 즉, 세상을 어떤 태도로 어떻게 해석하느냐의 문제인 것입니다.

세상의 틀이 견고하기는 하지만 내가 변하면 세상도 따라 변합니다. 내가 원하는 대로 세상이 변하는 것입니다. 한편, 내가 아무리 나의 행동을 변화시켜 세상에 영향을 주고자 해도 세상이 끄떡하지 않는다면 자신의 눈으로 세상을 해석하고 그런 세상 속에서 나에게 유리하고 긍정적인 기회를 찾고자 노력하는 것 또한 하나의 선택입니다. 프랭클이 아우슈비츠 수용소라는 견고한 세상을 바꾸지는 못했지만, 그 안에서 긍정적인 기회를 만들고 자신에게 유리한 선택을 했던 것처럼 말입니다.

우리는 리드한다. 고로 존재한다

리더란 자기자신과 타인에게 영향력을 행사하는 사람입니다. 주변 환경이 아무리 열악하고 비협조적이라고 해도 자신에게 최종적인, 그리고 가장 강력한 영향을 주는 것은 나의 선택이며 바로 나 자신입니다. 나의 유일한 리더는 나 자신입니다.

❦ 당신의 생각은?

— 예시를 참고하여 자신만의 문장으로 완성하십시오.

프랭클은 생지옥이나 다름없는 아우슈비츠에서의 경험을 심리학자로서 새로운 발견을 하는 기회로 받아들였다. 그리고 그 기회를 끝까지 살리기 위해 모든 선택의 순간마다 '살아남는다' 라는 1차 목표에 초점을 맞췄다. 그런 선택의 결과로 '심리학적 발견을 세상에 알린다' 라는 최종목표점까지 성공적으로 자신을 리드해갔다. 나를 나의 최종목표점까지 성공적으로 리드해가기 위해 나도 1차 목표와 최종목표점을 분명히 할 것이다.

예1) '살아남는다' 에 해당하는 나의 1차 목표는 건축사 자격증을 손에 넣는 것이다. '심리학적 발견을 세상에 알린다' 에 해당하는 나의 최종목표점은 21세기에 필요한 최첨단 노인복지센터를 건립하는 것이다.

예2) 나의 모든 행동의 기준, 내 삶의 초점은 1,000권의 국내외 광고관련 서적을 정독하는 일에 맞춰질 것이다. 이를 바탕으로 나는 늦어도 A.D.2020년 까지는 세계일류의 카피라이팅스쿨을 열 것이다.

예3) 나의 모든 말과 행동의 초점은 한국예술종합학교에 입학하는 일에 맞춰지 고 있다. 일단, 배우로 등장한 다음 최소한 100편 이상의 좋은 드라마에 출연하여 진정한 희생정신이 무엇인지를 보여주는 것이 나의 최종목적이다.

✿리더십 리포트 *Leadership Report*

사람은 어쩔 수 없이 다른 사람에게 영향을 주고(leadership) 그들로부 터 영향을 받으며(followership) 산다. … 다른 사람으로부터 어떤 영향 을 받으며 사느냐, 다른 사람에게 어떤 영향을 미치며 사느냐는 자신 은 물론 다른 사람의 삶과 그들이 속한 조직의 성패를 결정짓는다. … 사람은 누구나 리더가 된다. 문제는 좋은 리더냐 아니면 나쁜 리더냐다.

(국민일보 2000. 2. 8)

⟶ 리더는 높은 지위에 오르는 특별한 사람을 지칭하는 말이 아닙니다. 자신의 목표를 이루기 위해 매순간 올바른 선택을 하고 지향점을 바라보며 박차를 가하는 사람은 모두가 리더입니다.

나의 변화가 세상을 움직이는 힘이다

황무지에 산모들의 낙원을 건설한 평범한 여대생

▷ 벨로르에 있는
아이다의 동상

아이다 스커더*Ida Scudder*는 평범한 여대생이었습니다. 그녀는 '삶이란 무엇인가, 어떻게 사는 것이 바람직한 것인가' 라는 질문에 뚜렷하게 정리된 생각을 갖고 있지 않았습니다. 그저 남들처럼 대학을 졸업하고 취직해서 넉넉한 소득을 올리며 그럭저럭 즐겁게 살아야겠다는 생각만 갖고 있었습니다. 그녀는 특히 친구들과 어울려 다니면서 노는 것을 좋아했고, 그렇게 하자니 돈이 필요했기 때문에 취직을 해야겠다고 생각한 것입니다. 그녀가 생각하기에 직업이란 인생을 즐기기 위한 돈을 마련하는 단순한 수단에 불과했습니다. 그녀에게 꿈이 있다면 부자와 결혼해서 잘 먹고 잘 사는 것뿐이었습니다.

그녀의 아버지는 할아버지의 뒤를 이어 인도에서 의료봉사활동을 하고 있었습니다. 아이다는 그런 집안의 모습이 싫었습니다. 인도의 무더운 날씨가 싫었고 인도 사람들도 싫었습니다. 봉사활동을 하면서 살아가는 아버지의 모습은 속 편하게 놀고만 싶은 아이다에게 일종의 부담으로 작용했기 때문입니다. 놀기 좋아하는 그녀로서는 인도생활을 견디기 어려웠기 때문에 아이다는 혼자 미국에 남아 학교를 다니고 있었습니다.

그러다 그녀의 어머니가 병이 나서 인도에 다녀와야 했습니다. 인도에 머물고 있던 어느 날 밤 아이다는 자기 방에서 책을 읽고 있었는데, 인도 최고 계급인 브라만 남자 한 명이 베란다로 불쑥 올라왔습니다. 그는 아이다를 보고 다짜고짜 자기 부인이 지금 출산을 하고 있는데, 같이 가서 자기 아내를 돌봐달라고 요청했습니다. 이미 원주민 산파가 할 수 있는 모든 것을 다 해봤지만 소용이 없었다며, 지금 당장 의사의 조치가 없으면 자기 아내는 죽고 말 것이라고 말했습니다.

아이다는 자기는 의사가 아니고, 아버지가 유능한 의사라고 말하고 나서 외출중인 아버지가 돌아오면 그리로 가도록 말을 전하겠다고 했습니다. 그러나 브라만 남자는 고개를 가로저으며 단호하게 딱 잘라 말했습니다. "낯선 남자를 집안에 들이느니 차라리 산모와 아이 모두 그냥 죽게 내버려두겠소."

아이다는 그 여인이 불쌍하다는 생각이 들기는 했지만 자신으로서는 어떻게 손을 써볼 방법이 없었기에 남자를 돌려보내고 다시 책을 읽기 시작했습니다. 그런데 또 다시 베란다 쪽에서 소리가 났습니다.

그 브라만 남자가 다시 왔나 싶어서 나가봤더니 이번에는 회교도 남자가 서 있었습니다. 그는 아이다에게 간절한 목소리로 말했습니다. "아내가 해산중입니다. 제 집에 와서 아내 좀 살려주세요."

그 말을 듣고 외출했다가 방금 돌아온 아이다의 아버지가 가겠다고 말했습니다. 그러나 회교도는 거절했습니다. 지금까지 가족이 아닌 외간남자는 그 누구도 자기 아내의 얼굴을 본 적이 없으며 이방인을 집안에 들이는 것은 상상할 수도 없다는 것이었습니다. 아이다는 아버지와 함께 그 회교도의 마음을 돌려보려고 무진 애를 썼지만 모두 허사였습니다. 회교도는 돌아갔고, 그녀는 무거운 마음으로 다시 책을 펼쳤습니다.

다시 베란다 쪽에서 인기척이 들렸습니다. 이번에는 높은 신분의 힌두교도가 베란다에 올라서 있었습니다. 그 역시 아이다에게 해산중인 젊은 아내를 살려달라고 간청했습니다. 아버지는 남자이기 때문에 안 된다며 아이다에게 꼭 같이 가달라고 말했습니다. 자기는 의사가 아니라는 아이다의 말을 들은 그는 절망에 찬 표정으로 힘없이 돌아섰습니다. 이럴 땐 아이다의 어머니가 그들을 돌봤었는데, 어머니가 병이 드는 바람에 더 이상은 산모들을 도울 수 없었던 겁니다.

아이다에게 있어서 그날 밤은 무척이나 길고 고통스러웠습니다. 그녀는 후에 그날을 회상하며 다음과 같이 말한 바 있습니다.[5]

그날 밤 나는 잠을 이룰 수가 없었다. 너무도 괴로웠다. 단지 그들을 돌봐줄 여의사가 없다는 이유로 내 손이 닿는 곳에서 세 명의 여인들이 죽어가고 있었다. 나는 그날 밤 한숨도 자지 못하고 번민하며 뒤

척였다. 그렇지만 아무리 생각해도 해결책이 없었다. 나는 내 생애를 인도에서 보내고 싶지 않았고, 친구들은 함께 즐거운 삶을 만끽하자면서 어서 미국으로 돌아오라고 손짓하는 것 같았다.

나는 처음으로 삶의 진정한 의미가 무엇인지를 진지하게 생각해보았다. 내가 그토록 오래 얼굴을 감싸 쥐고 '나를 이 세상에 보낸 조물주의 본 뜻이 무엇인가'를 생각한 것은 그날이 처음이었던 것 같다. 그러다가 조물주가 나를 인도에서 쓰시려고 이곳으로 불렀다는 것을 직감했다.

아침이 되어 아이다가 잠에서 깨어났을 때, 그 세 여인은 이미 죽어 있었습니다. 그녀는 그날 오후 늦게 부모님에게 미국에서 의학공부를 한 다음 인도로 되돌아오겠다고 말했습니다. 아이다는 미국으로 가는 배 안에서 세상에서 가장 소중한 일은 죽어가는 생명을 살리는 일이며, 세상에서 가장 아름다운 삶은 인도와 같은 빈곤지역을 위해 봉사하며 사는 것이라 생각했습니다.

미국으로 돌아와서 1899년에 여성으로서는 최초로 코넬*Cornell* 의과대학을 졸업한 그녀는 즉시 인도로 달려가 여성전용병원을 설립하려 했습니다. 그러나 대학을 갓 졸업한 아이다에게는 병원을 열 만한 돈이 없었습니다. 인도에서는 환자들을 거의 무료로 진료해야 하기 때문에, 미국에서 병원을 개업하는 것보다 훨씬 더 많은 돈이 필요했습니다. 아이다는 모금활동을 해서 개업비용을 충당하기로 마음먹었습니다. 그녀는 목표를 5만 달러로 잡고 모금활동에 나섰고, 열정적으

우리는 리드한다. 고로 존재한다

로 사람들을 설득했습니다. 1899년의 5만 달러면 지금은 100만 달러도 넘는 엄청난 액수입니다.

많은 기독교 선교단체에 호소했지만 워낙 큰돈이라서 모두들 난색을 표했습니다. 그럴 때마다 아이다는 적잖이 실망했지만 고통으로 일그러졌던 인도 남자들의 표정은 그녀로 하여금 물불을 가리지 않고 모금할 수 있는 용기를 주었습니다. 그러다 뉴욕에 있는 어느 은행에서 셀Schell 이라는 은행장을 만나게 되었습니다. 셀은 '한낱 풋내기 여의사에 불과한 아이다가 과연 험한 인도에서 병원을 제대로 꾸려갈 수 있을까' 하고 의심했습니다. 아이다는 자신의 아버지가 인도에서 많은 의료경험을 쌓았으며, 아버지에게 도움을 받으면 잘해나갈 수 있을 거라며 셀을 설득했습니다.

셀은 안심한 표정이 되더니 수표 한 장을 내밀었습니다. 놀랍게도 수표에는 만 달러라고 적혀 있었습니다. 아이다는 가슴이 터질 것만 같았습니다. 그리고 이 일로 인해 일종의 확신을 갖게 되었습니다. '이 일은 너무나 소중한 일이고, 누군가는 반드시 해야 하는 일이기 때문에 돈은 필요한 만큼 구할 수 있을 거야.' 그녀는 일단 만 달러를 들고 인도로 출발했습니다.

인도 동남부 타밀나두Tamil Nadu 지방에 도착한 그녀는 벨로르Vellore라는 도시에 20평 남짓한 건물을 마련했습니다. 베란다는 대기실로, 안쪽은 진료실 겸 침실로 꾸몄습니다. 그러나 애써서 병원을 열었지만 그녀는 불행히도 환자를 볼 수가 없었습니다. 그녀의 첫 환자는 이미 손을 써볼 수 없는 상태로 병원에 찾아왔는데 그 후 얼마 뒤에 바로 죽어버렸기 때문에 나쁜 소문이 퍼졌던 것입니다. 설상가상으로 병원을 연 지 얼마 되지 않아 그녀의 아버지도 세상을 떠나고 말았습니다. 그녀는 주저앉고만 싶었습니다.

그러던 어느 날 신분이 높은 힌두교도가 찾아왔습니다. 그는 결막염에 걸려 있었는데 아이다는 그를 깨끗하게 완치시켰습니다. 그날부터 아이다는 사람들에게 의술을 인정받기 시작했고 하루에 200명, 300명의 환자들이 몰려들었습니다. 급기야 하루에 500명까지 진료해야 하는 날도 있었습니다. 일손이 딸리자 원주민 여인들이 간호보조원, 혹은 병원에서 자질구레한 일을 담당하는 도우미로 자원하고 나섰습니다. 또한 이 병원의 소문을 들은 수십 명의 의사들이 미국과 유럽에서 몰려오기 시작했습니다. 지금 아이다의 벨로르 병원은 병상이 1,700개나 되는 초대형 병원이 되어 있습니다.

그렇지만 아이다의 일은 마치 바닷물을 컵으로 떠내는 것과 같았습니다. 도와주는 사람이 늘어나기는 했지만 환자 수에 비하면 의사 수는 여전히 턱없이 모자랐기 때문입니다. 아이다는 생각 끝에 벨로르 병원에 간호대학과 의과대학을 설립했습니다. 이 문제를 근본적으로 해결하기 위해서는 의사와 간호사를 양성해야 한다고 생각한 것입니다. 그 결과 지금 벨로르는 인도의 여인들, 특히 산모들의 낙원이 되었습니다.[6]

아이다는 돈이란 삶을 즐기기 위해 버는 것이고 여자는 그저 부자와 결혼해서 실컷 즐기면서 사는 게 상책이라고 여기던 소위 날나리 여대생이었습니다. 그러던 그녀가 세상이 자기에게 보내는 신호를 긍

우리는 리드한다. 고로 존재한다

정적으로 받아들이고 '삶에서 가장 중요한 것'을 고민하게 되었습니다. 그리고 고민의 결과에 따라 자신이 중요하다고 생각하는 것을 위해 살기로 결심했습니다. 그렇게 변화된 가치관에 따라 삶의 여정을 재설계하고 결국에는 세상도 변화시켰습니다.

나의 변화가 세상을 움직이는 힘입니다. 세상과 맞물려 호흡하면서 세상이 주는 메시지를 옳게 해석하고, 생각과 행동을 변화시켜서 자신의 목적을 달성해나가는 역량을 우리는 셀프리더십 *Self-Leadership* 이라고 부릅니다. 그리고 거기서 더 나아가 나의 변화를 세상의 변화로 확장시켜 나가는 힘을 슈퍼리더십 *Super-Leadership* 이라고 합니다. 리더십은 대단한 업적을 남기는 사람에게나 필요한 특별한 것이 아닙니다. 자기가 옳다고 여기는 그대로 자신의 삶을 살고자 하는, 사람다운 삶을 살고자 하는 모든 사람에게 반드시 필요한 삶의 슬기입니다.

♪ 당신의 생각은?

– 예시를 참고하여 자신만의 문장으로 완성하십시오.
아이다 스커더처럼 세상의 변화를 감지하고 그 변화 속에 감춰진 메시지를 옳게 해석하고, 나름대로 최상의 선택을 함으로써 나 자신의 목적을 달성해나가는 역량이 나에게도 분명히 있다. 나도 분명 셀프리더이다. 보다 우수한 셀프리더가 되기 위해 나는 _____

_____

예1) 내 주변에서 일어나는 중요한 변화들이 내 삶에 어떤 메시지를 던져주는지 신중하게 생각하기 위해 한 달에 한 번은 기차여행을 할 것이다.

예2) 나는 시대의 흐름이 나에게 요구하는 것이 무엇인지를 읽어내는 날카로움을 잃지 않기 위해 매달 스커더와 비슷한 한 명의 인물을 '나의 이달의 인물'로 선정하여 그의 삶과 나의 삶에 대해 생각해볼 것이다.

예3) 초등학교 3학년 때 나의 담임선생님은 세계 여러 곳을 다녀온 이야기를 해주시곤 했는데, 그때 나는 그 선생님을 만난 것이 얼마나 깊은 의미를 가지고 있는지 미처 알지 못했었다. 그러나 지금 돌이켜보면 그 만남은 나에게 여행전문가로서 사회에 유익을 주는 사람이 되라는 신호였다.

🎵리더십 리포트 *Leadership Report*

… '성공'이라는 허깨비를 높은 제단에 모셔놓고 숨 가쁘게 좇아가는 동안, 자신이 자기 삶의 노예가 되어, 주체적 삶의 희열을 느끼지 못한다면, 피 흘리며 쟁취하는 외양外樣의 성공은 결코 내면의 진정한 위안이 될 수 없다. 고지를 향한 왜곡된 집착이 오히려 감옥처럼 삶을 송두리째 가두거나, 결국에는 껍데기뿐인 나신裸身을 드러내게 될지도 모른다. 성급한 목표지향이나 결과론에 치우친 가치관에서 오는 고통은 벗기 힘든 무덤이다.

하지만 대상과의 일치감에서 만나는 삶의 황홀함은 신화적 홀로서기이며, 삶의 원형적 의미를 갖는다. 성공을 향해 매진하는 사람들은 잠시 숨 고르며 돌아봐야 할 일이다. 어떤 외적가치보다, 지금 하고 있는 일 속에서 자기내면의 살아있음을 경험하는 기쁨, 이것이 '진정한 삶의 춤' 이란 것을.

(조선일보 2003. 4. 25)

⋯▸ 자신이 지향하는 바가 무엇인지 내면의 눈으로 진지하게 성찰해볼 필요가 있습니다. 남들이 가는 길로 정신없이 가다가는 나중에 손 안에 아무것도 남지 않았다는 생각 때문에 허탈해질 수도 있습니다. 진정으로 가고 싶은 길은 무엇인지, 그리고 그 길의 끝에 도달하기 위해서는 어떻게 해야 하는지 생각해보십시오.

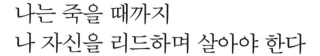

나는 죽을 때까지
나 자신을 리드하며 살아야 한다

"나는 물건이다, 원숭이다, 로봇이다"

용접공은 "나는 기계야"라고 말한다. 은행의 창구직원과 호텔 서기는 "이건 새장에 갇힌 신세로군" 한다. 제철소 직공은 "나는 운반도구에 불과해"라고 한탄한다. 안내원들은 "원숭이도 내가 하는 일은 할 수 있을 거야"라며 투덜댄다. 패션 모델은 "나야, 뭐 물건이지" 한다. 블루칼라와 화이트칼라가 한목소리로 "나는 로봇이다"라고 소리친다.[7]

최 군과 홍 군은 같은 날 같은 대학을 졸업한 친구인데, 우연히도 같은 날 같은 회사에 엔지니어로 취직했습니다. 입사한 지 3개월이 지나자 그들의 감독자인 정 부장은 두 사람의 일처리 방식에 엄청난 차이가 있다는 것을 알게 되었습니다.

최 군은 자기 나름의 프로젝트 통제시스템을 개발하여 일을 진행했습니다. 그는 '현황'이라는 노트를 사용했는데, 그 노트에는 자기에게 맡겨진 프로젝트를 완료할 목표날짜가 적혀 있었으며 프로젝트를

우리는 리드한다. 고로 존재한다

진행하면서 했던 일들의 내역도 자기가 만든 분류기호로 표시되어 있었습니다. 뿐만 아니라 '주간 과제목록'이라는 노트도 가지고 있었는데 이는 다음주 계획을 미리 수립해서 적어놓는 노트였습니다. 상사인 정 부장이 어떤 특정 프로젝트에 대해 아무리 구체적인 내용을 묻는다 해도 최 군은 그 노트들을 들여다보고 나서 1분 이내에 정확하게 답변을 했습니다. 그는 정말 자기의 틀을 잡고 제대로 일을 해나갈 마음의 준비가 되어 있는 것 같았습니다.

그런데 홍 군은 정반대였습니다. 실력으로 보자면 홍 군도 최 군 못지않은 엔지니어였지만 정 부장은 홍 군의 프로젝트들이 어떻게 진행되어 가는지 도무지 종잡을 수가 없었습니다. 홍 군은 자기에게 프로젝트가 부과되어도 언제까지 완료하겠다라는 목표를 정하지도 않았고 사안별로 구체적인 계획을 세우지도 않았습니다. 그저 상황이 흘러가는 대로 가만히 있다가 그때그때 해나가는 식으로 일을 처리했습니다.

정 부장은 부하직원을 평가하는 자리에서 중역에게 이렇게 말했습니다. "최 군은 자기가 맡은 일을 아주 잘 관리합니다. 그는 자신의 목표를 스스로 설정하고, 언제나 진척상황을 알고 있으며 업무에 열정을 가지고 몰입합니다. 또한 실수를 인정할 줄 알고 거기서 교훈을 얻으려는 자세로 임하고 있습니다."

"그런데 홍 군은 최 군과는 정반대입니다. 문제가 많습니다. 그는 자기를 통제할 줄 모르며 일일이 참견하지 않으면 일이 어떻게 돌아가는지 알 수가 없습니다. 그가 정말 최선을 다하고 있는지, 일을 제대로 하고자 노력하고 있는지 의심스럽습니다. 향후 6개월 동안 제가 해야 하는 중요한 과제 중에 하나가 홍군에게 셀프리더십을 가르치

나는 죽을 때까지 나 자신을 리드하며 살아야 한다

는 일이 될 것 같습니다. 그의 기술적 능력은 정말 놓치기 아깝습니다."[8]

홍 군이 최 군에 비해 문제가 많다는 평가를 듣게 된 것은 전적으로 홍 군 자신이 그렇게 선택한 결과입니다. 자기 스스로 그런 방향으로 자신을 리드해나갔기 때문입니다. 우리는 날마다 누군가를 리드하며 살아갑니다. 자기 자신을 리드하고, 또 주변의 누군가를 리드합니다. 그런가 하면 또 누군가의 리드를 받기도 합니다. 누군가의 리드를 따르는 것도 역시 자기를 리드하는 과정 중에 하나입니다.

중요한 사실은 우리는 우리 자신의 리더라는 것입니다. 나는 죽을 때까지 나 자신의 리더입니다. 아무리 친절하고 치밀한 사람이 나를 이끈다 해도 그의 마음이 나의 마음과 완전히 같을 수는 없는 것이며, 최후의 선택은 여전히 나의 몫이고 책임 또한 나에게로 돌아옵니다. 나의 유일한 리더는 나뿐입니다.

우리는 우리 자신을 리드하는 셀프리더입니다. 그러나 모두가 우수한 리더는 아닙니다. 오히려 미숙하고 훈련받지 못한 리더인 경우가 더 많습니다. 불행하게도 죽을 때까지 자기 안에 있는 리더를 발견하지 못한 채로 생을 마감하는 사람도 너무나 많습니다. 경우에 따라서는 잘못된 셀프리더십으로 인하여 파멸의 나락으로 떨어지기도 합니다.

사람은 누구나 독특한 개성과 가치관, 그리고 자기 자신에 대한 청사진을 간직하며 삽니다. 셀프리더십은 자신의 개성과 가치관을 관철시켜 청사진을 현실로 만들어나가는 힘의 원천입니다. 아무리 기술적 능력이 우수한 엔지니어도, 뛰어난 기량을 자랑하는 축구스타 · 농구천재 · 골퍼 · 홈런왕 · 수학천재 · 컴퓨터천재라도 셀프리더십이 결여된 사람은 스스로 '나는 물건이다, 원숭이다, 로봇이다' 라고 소리치게 됩니다. 자기 안에 있는 진짜 자아는 죽고 껍데기만 남게 됩니다. 세상을 잡아당겨 리드하는 끈이 끊어지는 순간 우리 안에 있는 자아는 죽는 겁니다. 살아 있는 듯 해도 사실은 죽은 거나 마찬가지입니다.

리더십을 발휘하지 않는 사람은 죽은 사람입니다. 자기 자신에게 그리고 다른 누구에게 아무런 영향력을 발산하지 않는 순간, 우리는 그 어디에서도 우리가 살아 있다는 사실을 확인할 수 없게 됩니다. 세력이나 재산 또는 신분에 관계없이 누구나 타인을, 그리고 자신을 리드할 수 있으며 또 그래야 합니다. 살아있는 모든 사람에게는 리더십이 필요합니다.

당신의 생각은?

— 예시를 참고하여 자신만의 문장으로 완성하십시오.

나는 내 안에 있는 리더를 발견하지 못한 채로 생을 마감하고 싶지 않다. 나는 리더십을 발휘하고 있다는 느낌이 있어야 비로소 삶의 의미를 느낀다. 나는 삶의 매순간마다 리더십을 발휘하기 위해 스토리 속의 최 군처럼 _____

_____

예1) 내 삶의 설계도와 과제목록이 적혀 있는 두툼한 대학노트를 마련할 것이다.

예2) 아주 가까운 몇몇 친구들과 동아리를 만들어 매년 한 번씩 삶의 여정을 되돌아보고 잘못된 점을 고백하며 앞날을 다짐하는 정기적인 모임을 가질 것이다.

예3) 내가 맡은 일에 대해 다른 사람이 걱정하지 않도록 일의 진척상황을 알기 쉽게 정리해두는 습관을 기를 것이다.

❧ 리더십 리포트 *Leadership Report*

… "매일같이 리더십을 발휘해야 할 순간이 당신 앞에 기다리고 있다. 저녁 식탁에서 늘 속상하고 짜증나는 말다툼을 벌이던 주부가 어느 날부터 가족과 모든 문제를 진지하게 상의하기 위해, … 정치인이 지역구민에게 우리 동네에 교도소를 지을 수밖에 없다는 점을 설득해야 할 때, 이웃의 결손가정 아동을 도와주기 위한 동네 모임을 시작하려 할 때, 동료들이 핵심 문제에 대한 토론을 피하고 있을 때, 우리는 리더십 문제에 직면하고 있다."…

(문화일보 2002. 11. 2)

⋯▶ 주의 깊게 살펴보면 삶의 매순간이 바로 리더십을 발휘해야 하는 바로 그 순간입니다. 리더십이란 특별한 노하우가 있어야만 실천할 수 있는 어려운 것이 아닙니다. 어떠한 목표가 있다면 삶의 순간순간이 모두 리더십을 발휘하고 실천할 수 있는 기회입니다.

2

공부 잘하고 출세해야 리더인가?

흔히 학교공부를 잘해야만 나중에 리더가 되고 많은 사람들에게 유익을 주는 삶을 살 수 있다고들 합니다. 리더라고 하면 공부를 잘하는 사람, 출세한 사람, 다른 사람들을 호령할 수 있는 높은 자리에 올라간 사람이라고 생각합니다. 그렇지만 현실을 보면 꼭 그렇지만도 않습니다. 법전을 깡그리 외워서 판검사가 된 사람, 장차관, 시장, 도지사 등 공부라면 어느 누구 못지않게 잘했던 사람들이 포승줄에 묶인 채 줄줄이 교도소로 향하는 것만 봐도 그렇습니다.

그렇다면 어떤 사람이 리더입니까? 많이 알고 다재다능한 사람, 잘생기고 건장한 사람, 세련된 처세술을 배운 사람, 말로는 설명하기 어려운 카리스마가 있는 사람, 보스의 기질을 타고난 사람 등이 참된 리더입니까? 아니면 비록 공부는 많이 하지 못했어도, 어눌하고 왜소해도, 또 세련된 매너가 없다 해도, 진정으로 가치 있는 일을 위해서라면 그리고 많은 사람들을 위해서라면 자기의 모든 것을 던져버릴 각오가 되어 있는 사람이 리더입니까?

목소리가 매끄럽고 사교성이 있어서 양들을 자유자재로 이끌고 다니는 목자가 진정한 리더입니까? 아니면 목소리는 거칠고 무뚝뚝해도 양을 지키기 위해 목숨을 버리는 리더가 참된 리더입니까?

우리가 진정한 리더라고 생각하는 인물들을 생각해봅시다. 왕건, 황희, 이순신, 간디, 그리고 테레사 *Theresa* 수녀…. 이들은 태어날 때부터 리더십을 타고난 사람들입니까? 날 때부터 특별한 무언가를 갖고 있어서 참된 리더가 된 것입니까? 그렇다면 평범한 보통사람은 아무리 노력해도 그런 리더십을 발휘하여 뭔가 세상에 유익한 존재가 될 가능성이 전혀 없는 것입니까? 리더십이 학습하고 익히고 갈고 닦아서 생기는 것이 아니라면 세계 도처에 리더십을 가르치는 경영대학원의 열풍이 식지 않는 이유는 또 무엇입니까?

학교성적이 우수하다고 리더가 되는 건 아닙니다. 마찬가지로 학교성적이 나쁘다고 리더가 되지 못하는 것도 아닙니다. 똑똑해서 출세하기는 했지만 리더는 아닌 사람이 더 많습니다. 오히려 똑똑한 바보들이 더 많습니다. 카리스마가 곧장 리더십으로 연결되는 것도 아닙니다. 오히려 카리스마는 위험할 때가 더 많습니다. 또한 리더십은 세련된 기술도 아닙니다.

리더는 만능 슈퍼맨이 아닙니다. 리더십은 '지금 당장 어떤 일에서 성공을 거두었느냐, 실패했느냐'와는 관계없는 것입니다. 리더십은 타고나는 것이 아니라 수련을 통해 개발되는 것입니다. 모든 사람은 누구나 자기자신과 타인을 이끌 수 있으며 리더가 될 수 있습니다.

학교성적이 리더십인가?

그 많은 수재들은 어디서 무얼 하고 있나?

한국의 교육은 등수와 점수 중심입니다. 사람에 대한 모든 평가가 점수와 등수로 결정되고, 높은 점수와 등수를 받지 못한 학생은 아무런 일도 할 수 없는 쓸모없는 인간으로 낙인찍힙니다. 한번 그런 식으로 평가받고 나면 그 사람은 깊은 좌절감을 느끼기 마련입니다. 그러나 학교성적이 좀 나쁘다고 해서 사회에서 하등인간이 되는 것은 아닙니다. 외로운 사람들에게 따뜻한 손을 내밀고, 삶의 무게에 짓눌린 이들에게 버팀목이 되어주는 사람들은 오히려 공부와 거리가 멀었던 경우가 더 많습니다.

"할아버지, 그동안 안녕하셨어요? 제가 너무 오랜만에 왔죠?"
"으응…. 자네 왔는가? 나야, 별일이랄 게 뭐 있나…."
"그런데 방에서 웬 냄새가 이렇게 나죠?"

"늙은이 방에 냄새나는 게 뭐 대순가?"

"아니에요. 이건 좀 이상한 냄샌데요? 요즘 비가 많이 와서 그런 거 아닐까요? 아…! 저 천장이 좀 이상하네요. 저거 좀 보세요. 푹 젖었어요. 아무래도 저기가 썩어서 나는 냄새 같아요."

"집이 사람보다 더 늙었으니 비가 새는 거야 당연하지."

"그런데 할아버지, 아침은 드셨어요? 잠깐 계세요. 제가 망치하고 톱하고 비닐 좀 사다가 저거 고쳐놓고 맛있는 아점 만들어 드릴게요."

"됐네. 일없네, 이 사람아. 그런 거 자꾸 고쳐주면 나 일찍 못 죽고 험한 꼴 더 봐야 돼. 남 신경 쓸 시간 있으면 자네 장가나 들어. 장가 말이야."

조병갑은 수원에서 근무하는 시내버스 운전기사로 학력은 중학교 졸업이 마지막입니다. 근무가 없는 날이면 그는 장애인이나 독거노인을 찾아다니며 도배도 해주고, 지붕도 고쳐주고, 전선도 바꿔주고, 형광등도 갈아주면서 시간을 보냅니다. 그는 생활비 이외의 돈은 거의 그런 일에 쓰고 있습니다. 그래서 사회생활을 한 지도 오래되었고 다달이 급료도 받고 있지만 늘 돈이 없고 집도 한 칸 없습니다.

누가 하자고 해서 시작한 일도 아니고 알아주는 사람도 하나 없지만 그는 그런 일이 마냥 즐겁기만 합니다. 독거노인 중에는 예전에 잘 살았던 분들도 많아서 그가 찾아가면 자존심을 세우며 찾아오지 말라고 질책하는 경우도 있다고 합니다. 그래도 그는 아랑곳하지 않습니다. 워낙 진심으로 하는 일이기 때문에 나중에는 그런 분들도 다 이해하고 서로 친밀한 관계가 된다고 합니다. 주변 사람들은 이런 그를 보고 미쳤다고 하고, 그래서 늘 '왕따' 신세를 면치 못하지만 주변에서 그럴수록 그는 더욱 즐겁게 그 일을 합니다.

시민 여러분, 주위에 어려운 독거노인, 또는 도움이 필요한
장애우가 있으면 아래 전화번호로 연락을 주십시오.

011-＊＊＊-5＊11

011-＊＊＊-1＊25

위의 안내문은 그가 몰고 다니는 버스에 붙어 있는 것입니다. 이 안
내문을 읽은 사람들은 대부분 누군가가 선행을 빙자하여 사기를 치려
하는 것이라 단정짓는다고 합니다. 그래도 아주 절박한 상황에 있는
사람들에 관한 제보도 들어오고, 그의 일에 동참하겠다고 말하는 사
람들도 많다고 합니다. 그런 순간이 그에게는 가장 보람 있는 순간이
라고 합니다. 학력은 중졸이 전부지만, 그는 너무나도 훌륭하게 리더
십을 발휘하고 있습니다. 그야말로 자기 자신의 리더이며, 또한 이 시
대의 리더입니다.

물리학자 뉴턴 Newton 은 초등학교 성적이 극히 나빴으며 아인슈타
인 Einstein 은 네 살이 되어서야 말을 했고, 톨스토이 Tolstoi 는 대학에
서 낙제했었습니다. 포춘 Fortune 지가 선정한 500개 회사 CEO들의 학
교성적은 평균이 C이고 미국 상원의원들의 65%는 학교성적이 밑바닥
이었습니다. 또한 미국 역대 대통령 중 75%는 학교성적이 평균 수준
에도 못 미쳤습니다.[9]

학교성적이 우수하다고 리더가 되는 건 아닙니다. 또, 학교성적이

나쁘다고 리더가 되지 못하는 것도 아닙니다. 리더는 삶에서 무엇이 가장 중요한지를 아는 사람, 그것을 이루기 위해 자기가 할 일이 무엇인지를 발견한 사람, 그 일을 신나게 하는 사람, 그리고 그 일을 모두와 더불어 해나가는 사람입니다.

당신의 생각은?

— 예시를 참고하여 자신만의 문장으로 완성하십시오.

학교에서의 우등생이 사회에서는 낙제생이 되는 경우가 많다고 한다. 학교에 다닐 때는 시키는 대로만 하면 되지만 사회에서는 스스로 알아서 해야 되기 때문일 것이다. 나는 시킨다고 하고 말린다고 그만두는 사람이 되지는 않겠다. 나에게 필요한 일, 가치 있는 일을 해내기 위해서 _____

_____

예1) 나는 누가 알아주든지 말든지 상관없이 나에게 필요한 지식을 착실히 쌓아가기 위해 장기적인 계획을 세우고 꾸준히 독서할 것이다.

예2) 나는 스스로 '안다' 라고 여기기를 신중히 할 것이며 꼭 알아야 할 것이 생기면 지적 절정감에 도달할 정도로 끝까지 파고드는 근성을 보여줄 것이다.

예3) 나는 성적이 좋거나 나쁘거나에 관계없이 자기가 느끼는 대로 속마음을 솔직하게 말하는 사람을 친구로 삼을 것이다.

🎵 리더십 리포트 *Leadership Report*

… 공부에 대한 인식도 상당히 바뀌었다. 그동안 우수한 성적을 올린 이들이 많은 양의 지식을 획득함으로써 사회적으로 성공해 존경을 한 몸에 받아왔다. 그러나 이제는 사이버세상에 널려 있는 지식의 '보물창고'를 열어 그것을 어떻게 활용하느냐에 따라 성공이 좌우되는 시대로 접어들고 있기 때문에 공부보다는 창의적 인간을 육성하는 것이 무엇보다 더 중요하다고 전문가들은 말한다. …

(세계일보 2002. 1. 18)

⟶ 이제 공부로 모든 것을 평가하는 시대는 갔습니다. 각자가 잘할 수 있고, 또 하고 싶은 것을 열심히 하는 것이 가장 바람직하고 효율적입니다. 공부를 잘해야만 리더가 되는 게 아닙니다. 리더는 비전에 따라 자기를 이끌고, 다른 사람도 스스로 자신을 이끌 수 있도록 도움을 주는 사람입니다.

출세를 해야 리더인가?

"하루 종일 한 번도 넘어지지 않았다면
당신은 스키를 하나도 배우지 못한 겁니다."

　

어떤 사람이 생전 처음 스키를 탔습니다. 첫날 그는 하루 종일 스키를 탔는데 단 한 번도 넘어지지 않았습니다. 기분이 우쭐해진 그는 스키 강사에게 그 사실을 자랑스럽게 말했습니다. 그러나 그의 말에 강사는 쌀쌀맞게 대답했습니다.

"당신은 무의미한 하루를 보냈습니다."

머쓱해진 그가 반문했습니다.

"무의미한 하루라고요?"

강사는 그를 똑바로 쳐다보면서 대답했습니다.

"하루 종일 한 번도 넘어지지 않았다면 오늘 당신은 스키를 하나도 배우지 못한 겁니다."

• 베이브 루스Babe Ruth 는 1,330번의 스트라이크 아웃을 당했지만

공부 잘하고 출세해야 리더인가?

714개의 홈런을 쳤다.

- 나브라틸로바*Navratilova*는 크리스 에버트*Chris Evert*와 24차례 시합해서 21번을 졌다. 그러나 힘을 빼고 공을 치기로 마음먹은 다음부터는 57차례 시합 중 39번을 이겼으며, 여자 프로테니스 선수 중 가장 많은 시합을 치렀으며 윔블던 여자단식에서 9번이라는 최다 우승기록을 세웠다.
- 메이시 백화점의 창업자 롤랜드 H. 메이시*Rowland H. Macy*는 뉴욕에 있는 점포가 성공하기 전까지 무려 7번이나 실패했다.
- 링컨*Lincoln*은 사업가로서 2번 실패했으며 미국 대통령으로 선출되기 전까지 주 선거 및 전국 선거에서 6번이나 낙선했다.
- 루이자 메이 올컷*Louisa May Alcott*의 가족들은 그녀가 작가보다는 사무원이나 재봉사가 되기를 원했다. 그렇지만 그녀는 가족들의 반대에도 불구하고 작가가 되었고, 그녀가 쓴 《작은 아씨들 *Little Women*》은 125년이 지난 지금에도 인기를 얻고 있다.
- 테오도르 수스 가이젤*Theodore Seuss Geisel*의 첫번째 아동용 원고는 23명의 출판업자가 출간을 거절했지만, 24번째 출판업자는 6백만 부를 판매했다.[10]

닉슨*Richard Nixon*은 실패한 사람만이 진정한 리더가 될 수 있다는 것을 뼈저리게 깨달은 사람입니다. 1968년 선거에서 승리하고 4년 후 또다시 선거에서 압승하자 교만해진 그는 감사하는 마음을 잊었습니다. 그러나 워터게이트*Watergate* 사건으로 대통령 직을 사임한 다음 측근들이 형무소에 수감되고 그 자신은 국민들로부터 조롱과 경멸을 받았을 때 그가 한 말은 아주 유명합니다.

"깊고 어둡고 침침한 계곡을 헤매며 산 정상을 바라본 사람이 아니면 정상에 앉았을 때의 고마움을 모른다." 결국 이 말은 자기의 과거를 돌아보며 했던 말입니다. 실패를 모르고 승승장구하던 자신이 왜 그런 처지가 되었는지를 생각하면서 그는 저 말을 몇 번이나 되뇌였을겁니다.

필자(이원설)의 예를 한번 들어보겠습니다. 필자는 일제시대에 황해도의 외딴 촌마을에서 태어나 초등학교를 졸업한 후 중학교를 지망했다가 낙방했습니다. 몇 달 동안 죽을 것만 같은 고뇌의 나날을 보냈습니다. 밤하늘의 별을 바라보면서 '내가 왜 이 세상에 태어났나?' 하며 삶 자체를 원망했습니다. 그러나 그 실패는 후일 필자를 학자로 만드는 가장 큰 동기가 됐습니다. 학교를 못 다녔기 때문에 책을 더 많이 읽게 되었고, 그러다 보니 학문을 더 사랑하게 된 것입니다. 그래서 해방 후 만 16세의 나이에 38선을 넘어 서울에서 고학생활을 하면서도 학문의 길에 들어설 수 있었고, 한 대학의 총장으로 그리고 세계대학총장회의 사무총장으로 봉사할 기회도 얻을 수 있었습니다. 성공은 성공을 낳지 않습니다. 성공은 실패를 낳습니다. 성공을 낳는 것은 오히려 실패입니다.

리더십은 자신을 변화시켜 세상을 변하게 하고, 또 세상의 영향력을 받아들여 자기를 바로 세움으로써 결국 자기와 세상을 옳게 이끌어가고자 하는 마음가짐입니다. 따라서 리더가 되느냐 못 되느냐 하는 것은 자기와 세상을 변화시키고자 하는 사명감과 비전이 있느냐

없느냐의 문제이지, 지금 당장 어떤 일에서 성공을 거두었느냐 실패하였느냐 하는 것과는 관련이 없는 것입니다. 사명감과 비전이 있는 사람은 한 번 실패했다고 해서 좌절하지 않습니다. 오히려 그것을 딛고 일어서서 더욱 탁월한 리더가 됩니다.

리더십은 세상에서 흔히 말하는 출세나 입신양면과는 다른 것입니다. 자신의 외피를 다른 사람과 비교하면서 '저 사람보다 빨리, 더 높은 자리에' 하는 식으로는 진정한 리더십을 발휘할 수 없습니다. 지금 당장은 실패하고 실수할 수도 있습니다. 그것이 더 큰 목표로 가는 과정이라면, 실패는 목표라는 과실을 더욱 크고 달게 해줄 거름이 됩니다. 진정으로 가고 싶은 길이 있는 사람은 한두 번의 실패로 멈춰 서지 않습니다.

🎵 당신의 생각은?

— 예시를 참고하여 자신만의 문장으로 완성하십시오.

사장·교장·원장·국장·대장이 아니어도 리더십을 발휘할 수 있고, 또 그런 높은 자리를 차지하고 있으면서도 진정한 리더십은 발휘하지 못하고 있는 사람들도 많다. 나는 출세를 하기보다는 리더십을 발휘하면서 살기를 원하기 때문에 ＿＿＿＿＿＿＿＿＿

＿＿＿＿＿＿＿＿＿＿＿＿＿＿＿＿＿＿＿＿＿＿＿＿＿＿＿＿＿

＿＿＿＿＿＿＿＿＿＿＿＿＿＿＿＿＿＿＿＿＿＿＿＿＿＿＿＿＿

＿＿＿＿＿＿＿＿＿＿＿＿＿＿＿＿＿＿＿＿＿＿＿＿＿＿＿＿＿

예1) 스스로 원칙을 설정하고 그것을 지켜나가는 습관을 기르기 위해 매년 1월 1일에 그 해에 지킬 '세 가지 원칙'을 수첩에 적어둔다.

예2) 소위 일류대학 일류직장과는 거리가 멀지만 일류의 셀프리더가 되기 위해 노력하는 동안 만큼은 '나는 일류의 시간을 보내고 있다'는 자긍심으로 살 것이다.

예3) 되도록이면 시간을 내서 시련을 극복한 사람들의 이야기에 귀를 기울일 것이다. 나는 하는 일마다 성공을 거둔 셈이지만 실패에서 얻은 경험이 거의 없어서 오히려 불안하기 때문이다.

리더십 리포트 *Leadership Report*

… 간디는 인도인들의 외적·정치적 자유보다는 내적·정신적 자유에 역점을 둔 민족운동을 전개했는데 그 과정에서 종교를 정치에 끌어들였고, 그 결과 그의 의도와는 달리 힌두교와 이슬람교라는 양대 종교집단의 갈등이 오히려 첨예화되었다. … 처칠은 제2차 세계대전에서 영국을 승전국으로 이끈 영웅이지만, 1차 대전 당시에는 가장 실패한 전략이었다고 평가받은 갈리폴리 해전을 지휘한 해군제독이었다. … 충무공 이순신도 함경도 변경지역을 제대로 수비하지 못한 죄과로 장형杖刑과 백의종군白衣從軍이라는 벌을 받았지만 머지않아 그의 진가를 발휘할 수 있었다.

이처럼 위대한 인물들에게도 실수가 발견되며 처음부터 완벽한 지도자란 존재하지 않는 법이다. 간디와 처칠, 그리고 충무공 모두 완벽한

공부 잘하고 출세해야 리더인가?

인간이 아니었지만 위대한 인물로 기억되고 칭송되는 이유는, 그들이 비록 실수를 했지만 신념을 저버리지 않았고, 실수를 딛고 일어나 국민으로 하여금 그들을 신뢰하게 만들었으며 조국이 위험에 처했을 때 비전과 행동을 결합시킨 지도력을 발휘했기 때문이다. …

(조선일보 2002. 12. 13)

→ 리더는 남들보다 우위의 자리를 점하는 사람이 아닙니다. 실패를 두려워하지 않는 사람, 자신의 실수에서 배울 점을 발견하고 계속적으로 발전하는 사람, 역경 속에서도 굽히지 않고 목표를 향해 나아가는 사람. 이런 사람이 바로 리더입니다.

그들은 리더인가,
똑똑한 바보인가?

쇼펜하우어의 우문현답

▷ 쇼펜하우어

유럽의 어느 시골 마을에 작은 공원이 하나 있었습니다. 하루는 머리가 하얗게 센 낯선 노인이 공원 나무 그늘 밑 벤치에 눈을 감은 채 앉아 있었습니다. 땅거미가 지고 퇴근시간이 훨씬 지나 인적이 뜸해졌는데도 노인은 그곳에 그렇게 계속 앉아 있었습니다. 공원관리인이 노인에게 다가가 물었습니다.

"댁은 뉘시오?" "어디서 오시었소?"
"어디로 가는 중이시오?"

노인은 관리인의 질문에 천천히 고개를 들더니 이렇게 답했습니다.

"만일 내가 어디로부터 왔는지, 어디로 가야 하는지, 내가 누구인지를 안다면, 그 결정적인 질문에 대한 답을 찾으려고 여기 이렇게 앉아 있지는 않을 것이오. 내가 알고 있는 것은 사람들이 나를 부를 때아서 쇼펜하우어 *Arthur Schopenhauer* 라고 한다는 사실뿐이오."

최근 세계화—정보화가 진전되면서 나날이 새로운 인간형이 증가하고 있는데, 그 인간형은 바로 레이더형입니다. 마치 상품이 규격화되듯이 모든 사람이 개성을 잃고 남들은 무엇을 입고 어떤 집에서 살며 어디로 놀러 다니는지에 촉각을 곤두세우며 정보를 수집하는 레이더형으로 동질화되고 있는 것 같습니다.

레이더형은 외부지향적입니다. 개성도 없고 목적의식도 없어서 남들이 무엇을 하느냐에 모든 신경이 쏠립니다. 유행을 무조건 따릅니다. 사람들이 축구장에 몰리면 나도 축구장에 가야 하고, 무스를 바르면 나도 발라야 직성이 풀리고, 바캉스를 가면 나도, 복권을 사면 나도….

레이더형은 '매스인' 입니다. 주체성이 없습니다. 매스컴의 상품광고를 무조건 따르는 무명인입니다. 얼굴도 비슷하고 성격차도 별로 없습니다. 레이더형은 또 불안 속에서 삽니다. 유행을 따를 수 있는 돈이 없으면 불안해집니다. 남이 갖는 고급 승용차나 콘도를 못 가질 때에 더욱 그렇습니다. 정보화가 레이더형 인간의 증가를 부채질하고 있습니다.[11]

레이더형 인간인 우리는 모두가 똑똑한 바보들입니다. 우리는 사회, 조직체의 일원으로 생활하면서 매일매일 정보를 활용하며 자기 자신을 매니지먼트하면서 생활합니다. 조직 내에서 자기에게 부여된 임무를 완수하기 위해 수시로 조직이 설치해둔 레이더를 쳐다보며 레이더에 포착된 것을 보고 부지런히 계획을 세우고, 계획한 것을 실행에 옮기고, 그 실행의 결과를 당초의 목표와 비교하고, 또다시 계획을 세우기 위해 방대한 정보와 지식을 동원합니다. 그래서 대학도 가고 사장도 되고 이사·부장·국장·교수·변호사도 됩니다. 우리는 모두 영리한 합리주의자이며 훌륭한 매니저인 것처럼 보입니다.

그러나 그렇게 남들이 가는 길에 합류하려고 안간힘을 쓰는 동안 심신이 지치고 무거워져서 막상 자기의 인생항로에 대한 매니지먼트에는 소홀한 경우가 일반적입니다. 자기 속에 무엇이 있고 진짜 자기가 원하는 것이 무엇인지는 모르면서 그저 눈을 이리저리 굴리면서 어떻게든 남들처럼 살아보겠다고 버둥거립니다. 그러니 우리들은 모두가 똑똑한 바보들입니다.

쇼펜하우어의 말처럼 지금 자기가 어디에 있는지를 모르며 어디로 가야 하는지, 또 어떻게 가야 하는지를 모르는 사람이 너무나 많습니다. 그러니 자기를 현재 위치에서 목표지점까지 자기의 힘으로 옮겨다 놓을 수가 없습니다. 이들은 영리한지는 모르겠지만 리더는 아닙니다. 리더는 자신이 서 있는 곳이 어디쯤이며 어디를 향해 가고 있는지 확실하게 알고 있는 사람이며, 실제로 목표지점을 향해 가고 있는 사람입니다.

공부 잘하고 출세해야 리더인가?

🎼 당신의 생각은?

― 예시를 참고하여 자신만의 문장으로 완성하십시오.

자기 안을 보지 못하는 사람은 리더가 될 수 없다. 자기내면의 방향타가 어디를 가리키고 있는지 파악하고 있는 사람, 목표를 완수해나가는 길 위 어디쯤에 자기가 서 있는지 아는 사람이 진정한 리더이다.

나는ㅡㅡㅡㅡㅡㅡㅡㅡㅡㅡㅡㅡㅡㅡㅡㅡㅡㅡㅡ

ㅡㅡㅡㅡㅡㅡㅡㅡㅡㅡㅡㅡㅡㅡㅡㅡㅡㅡㅡㅡㅡㅡㅡㅡ

ㅡㅡㅡㅡㅡㅡㅡㅡㅡㅡㅡㅡㅡㅡㅡㅡㅡㅡㅡㅡㅡㅡㅡㅡ

예1) 지금 영어교사라는 목표를 향해 달려가고 있으며, 그 목표를 이루기 위해서 300개의 명언들을 영어로 암기하고 있다.

예2) 나를 남과 비교하고 남보다 처진다는 느낌을 받으면 견딜 수가 없는 레이더형 인간이며 똑똑한 바보다. 나를 평가하는 기준이 내 안에 있지 않고, 밖에 있기 때문이다.

예3) 내가 어디에 있는지를 늘 기억하기 위해 내 노트북 바탕화면에 내 삶의 여정을 나타내는 로드맵 *road map* 을 그려놓고 있다.

🎼 리더십 리포트 *Leadership Report*

… 이 책의 차별성은 밖을 향하지 않고 안을 돌아보는 데 있다. 경영 리더십을 논할 때 우리는 '상대방' 또는 '부하직원'을 전제하고 그들

을 어떻게 효과적으로 장악하고 지휘할 것인가를 고민한다. 하지만 이 책은 그 전제를 거부하고 이 책을 읽는 독자의 '자기 변화'를 요구한다. 즉, 자기자신을 깨닫는 리더십이다. 책은 리더십에서 자기를 속이거나 자신의 문제를 바로 보지 못하는 리더가 가정과 조직에 어떠한 영향을 미치며 목표와 과업을 망치는지를 쉽고 적절한 사례를 들어 재미있고 의미심장하게 설명하고 있다. …

(조선일보 2001. 8. 25)

···▸ 가장 중요한 것은 우리 내부에 있습니다. 생각이나 행동의 방향성도 우리 내부에서 결정되며, 나중에 그 결과를 평가하는 것도 결국 자신입니다. 리더는 다른 사람과 자신을 비교하지 않습니다. 오로지 자기 안에서 들려오는 깊은 내면의 목소리에 따라 생각하고 움직일 뿐입니다.

카리스마가
곧 리더십인가?

외적 카리스마가 아니라 내적 카리스마가 문제다

    일단의 소년들이 비행기 사고로 외딴 섬에 고립되었습니다. 생존자 중에 어른은 단 한 사람도 없었고 모두가 비슷한 또래의 소년들이었습니다. 소년들은 해변에 모여서 서로 인사를 나누면서 얼굴과 이름을 익혔고 곧이어 구조되기 위해서는 무엇을 어떻게 해야 할지를 의논하기 시작했습니다. 그들은 첫번째 회합에서 리더를 뽑기로 했고, 랠프라는 소년이 리더로 뽑혔습니다.

    누가 보아도 지도자다운 소년은 잭이었다. 그러나 랠프에게는 그를 두드러지게 하는 조용함이 있었다. 몸집이 크고 매력 있는 풍채였다. 뿐만 아니라 은연중 가장 효과적인 것은 소라였다. 그것을 불고 그 정교한 물건을 올려놓고 화강암 고대에서 그들을 기다리고 있던 존재―그런 존재는 별난 존재였던 것이다.

"소라를 가진 애가 좋아."

"랠프! 랠프!"

"나팔 같은 것을 가진 애를 대장으로 삼자." [12)

랠프가 리더로 뽑힌 까닭은 카리스마에서 잭을 압도했기 때문입니다. 크고 건장한 체격, 아이들을 불러 모았던 소라 소리 등 랠프는 아이들의 눈에는 강한 카리스마를 지닌 사람, 자기들과는 어딘가 조금 다른 사람처럼 보였습니다. 이는 1983년도에 노벨 문학상을 받은 윌리엄 골딩 *William Golding* 의 《파리대왕》에 나오는 한 장면입니다.

▷ 더글러스 맥아더 장군

흔히 사람들은 강력한 카리스마가 곧 리더십이라고 생각합니다. 강인한 인상이나 베일에 싸인 듯한 신비감이 곧장 리더십으로 연결된다고 생각하기 쉽습니다. 강한 카리스마를 지닌 장군이 전쟁터에서 "나를 따르라" 하고 말하면 병사들은 그의 말에 따라 일사분란하게 움직입니다. 이 장면을 보고 마치 카리스마만 있으면 자신의 말 한마디에 다른 사람들이 움직여줄 거라 믿는 사람들도 많이 있는 것 같습니다. 그렇지만 정말 카리스마가 리더십의 필요조건, 혹은 충분조건이라 생각합니까? 카리스마가 없는 리더는 상상하기조차 어렵습니까?

미국의 전쟁영웅 중에서 최고의 인기를 누렸던 사람은 더글러스 맥아더 *Douglas MacArthur* 장군입니다. 그는 강한 카리스마의 소유자였으며, 가장 뛰어난 군사전략가였습니다. 1950년 인천상륙작전 당시 모자를 약간 비스듬히 돌려 쓰고 선글라스를 낀 채 파이프를 물고 바닷물에 바지를 첨벙첨벙 적시며 해안으로 올라서던 그의 모습은 너무나 늠름해 보였습니다. 거의 신비롭기까지 했던 그런 모습은 사람들의 마음을 사로잡았고 그의 말이라면 무조건 찬동하고 복종했습니다. 그러나 그는 자신의 카리스마를 과신함으로써 한국전쟁 최고 지휘관인 해리 트루먼*Harry Truman* 대통령의 명령뿐 아니라 중국이 반격할 것이라는 뚜렷한 징후까지 무시함으로써 전쟁을 지휘하던 도중에 이례적으로 군복을 벗어야 했습니다.

반면에 해리 트루먼은 정치인치고는 너무나 어눌해서 자기 뜻대로 대중의 마음을 움직이지 못했습니다. 대통령시절 그는 트루먼 독트린, 마샬 플랜, NATO 창설, 한국 파병 등의 중요한 정책을 실행했지만 그의 인기는 그야말로 바닥을 맴돌았습니다. 그는 미국 역사상 가장 인기 없는 대통령 중 한 사람이었습니다. "저런 사람이 어떻게 대통령이 되었지?" 하는 소리를 들을 정도로 카리스마라고는 전혀 없었습니다. 흔히 '우연한 대통령'이라 일컬어졌던 트루먼을 두고, 어떤 사람은 그가 만약 할리우드*Hollywood*에서 일했다면 양복 판매점의 주임쯤 되었을 거라고도 말했습니다. 그리고 그 말대로 사실 트루먼은 양복점의 주임이었던 적도 있습니다. 그가 정계에 입문한 것도 그 점포가 파산해버렸기 때문입니다.

그러나 유럽을 붕괴 직전까지 몰고 갔던 무정부상태, 공산주의, 그리고 절망으로부터 구한 사람은 맥아더가 아니라 트루먼이었습니다.

카리스마가 곧 리더십인가?

▷ 해리 투르먼

한국전쟁이 일어났을 때 미국헌법에 규정된 대로 의회의 동의를 받지 않고 UN결의에 따라 신속하게 한국 파병을 감행한 것도 트루먼이었습니다. 그가 죽은 지 수십 년이 지난 오늘날 트루먼의 학점은 날로 높아지고 있습니다. 그가 사람들의 반대에도 불구하고 트루먼 독트린을 수립하지 않았다면 소련이 세계를 공산화하는 데 성공했을지도 모른다는 평가도 있습니다.[13]

트루먼은 사실 맥아더를 능가할 정도의 비전, 책임감, 그리고 근로의욕에서 우러나는 내적 카리스마를 지니고 있었지만 이를 결코 내세우거나 남용하지 않았습니다. 겉으로 드러나 보이는 카리스마가 곧 리더십은 아닙니다. 타고난 외적 카리스마가 있어야 리더가 되는 것도 아닙니다. 강한 카리스마가 있으면 리더십을 발휘하는 데에 도움이 되기는 하지만 설령 카리스마가 없는 사람이라도 강한 책임감과 비전으로 무장하면 자기도 모르는 사이에 내면에서 카리스마가 흘러나오게 됩니다. 그리고, 이는 주변 사람들을 끌어당깁니다.

내적 카리스마를 지닌 사람은 집단에 속한 많은 사람 중의 하나로 인식되는 것이 아니라, 항상 독특한 존재로 인정받습니다. 일부러 나서지 않아도 그가 속한 집단의 사람들은 그의 의견을 존중하며, 마음으로 그에게 의지합니다. 다른 사람에게 의지가 되는 사람이야 말로 진정한 카리스마를 지닌 사람입니다. 알팍한 겉멋이 아닌 내부에서 우러나오는 카리스마는 비록 강렬하지는 않지만 무시할 수 없는 힘을

공부 잘하고 출세해야 리더인가?

발휘합니다.

　내적 카리스마를 지닌 사람은 자신을 객관적으로 바라보며 강한 자기확신을 갖고 있습니다. 남의 아첨에 넘어가지도 않고 또 스스로도 남에게 아첨할 필요를 느끼지 않습니다. 또 어떤 사람을 우러러보지도 얕잡아보지도 않습니다. 모든 사람에게 진심을 내보이지만 일부러 겸손한 척하지도 않습니다. 진정한 리더십이라고 할 수 있는 내적 카리스마는 성실성, 강한 책임감, 겸손, 그리고 변치 않는 부지런함에서 나옵니다.

❧ 당신의 생각은?

－ 예시를 참고하여 자신만의 문장으로 완성하십시오.

나는 그냥 가만히 있어도 내가 속한 집단의 사람들이 의견을 듣고 싶어 하는 사람, 마음으로 의지하는 사람이 되고 싶다. 얄팍한 겉멋이 아닌, 내부에서 우러나오는 영향력의 소유자가 되기 위해 나는 _____

_____

_____

예1) 내 입에서 나온 말이 결코 땅에 떨어지지 않도록 하기 위해 금전적인 손해를 입더라도 약속을 저버리지 않을 것이다.

예2) 일부러 카리스마를 조작하기보다는 무슨 일이 있어도 사실을 있는 그대로 말하고 상대방의 말을 끝까지 진지하게 들을 것이다.

예3) 우선 내 앞가림부터 확실하게 하고 내가 실천하지 못하는 것을 남에게 권하거나 주장하지 않을 것이다.

❧ 리더십 리포트 *Leadership Report*

… 카리스마 *Charisma*, 굳이 풀어서 번역하자면 신으로부터 받은 특출한 능력, 지도자로서의 매력 정도가 되겠지만 딱 들어맞는 것은 아니다. 과거에는 흔히 예언자, 승전勝戰지도자, 대중선동가 등이 카리스마를 획득했다. 초인적인 능력이나 일반인의 상상을 뛰어넘는 성취를 이룬 사람에게도 카리스마는 생겨난다.

2002년 6월 한 달 동안 우리는 축구전쟁이라는 월드컵에서 히딩크 *Hiddink*라는 한 이방인이 카리스마를 획득해가는 과정을 생생하게 목격할 수 있었다. 1승 달성과 16강 진출까지는 그저 우수한 감독 정도로 생각했다. 그러나 거의 모든 국민들이 도저히 불가능하리라 생각했던 8강, 4강에 오르면서 사람들은 히딩크의 말 한 마디 한 마디에 일희일비一喜一悲했다. 경기 전 그가 한 이야기는 거의 현실로 나타났다. 그는 마치 예언자 같았다. 그것이 카리스마다. …

(조선일보 2002. 6. 28)

⋯ 처음에 히딩크가 한국 축구팀의 감독을 맡았을 때, 언론들은 그를 미심쩍어 했고 성적이 부진할 때마다 그의 자질을 의심했습니다. 그렇지만 그는 그런 시선에 움츠러들지 않고 자기가 믿는 대로 밀고 나갔습니다. 주변 사람들의 의심이나 질타에도 자신을 끝까지 믿을 수 있는 우직함에서도 내적인 카리스마가 나옵니다.

공부 잘하고 출세해야 리더인가?

리더십은 세련된 기술인가?

히틀러의 기교 · 아데나워의 원칙

▷ 히틀러

    2차 대전을 일으켜 독일을 패망시킨 히틀러*Hitler* 와 패전 후 독일 부흥의 아버지로 불리는 아데나워 *Adenauer*의 정치 스타일은 아주 대조적이었습니다. 히틀러는 대중을 자유자재로 움직일 수 있는 독특한 기술을 가지고 있었습니다. 그는 현란한 연설로 대중의 마음을 사로잡았으며 숙달된 지휘방식으로 권력을 장악하고 추종자들의 복종을 이끌어냈습니다. 그는 대중의 마음을 움직일 수 있는 기술을 알고 있었습니다. 그는 어떻게 하면 대중들을 선동할 수 있을지를 연구하면서 거울 앞에 서서 연설 연습을 했으며, 효과적인 손놀림과 표정을 구사하기 위해 노력했습니다. 또한 사람들이 밤에는 강한 지배력에 굴복하기 쉽다는 것을 알고 연설을 주로 밤 8시에서 10시 사이에 행했습니다. 한마디로 그는 뛰어난 대중 조작 기술을 가지고 있었습니다.

▷ 아데나워

이에 반해 아데나워는 리더십이 없어 보이는 사람이었습니다. 그는 이렇다 할 개성도 없는 학자풍의 관료, 조직인으로만 보였습니다. 전쟁이 끝난 후 그는 나치정권 이전에 자신의 자리였던 쾰른*Köln*시장으로 복귀했지만 영국 정부와 충돌하여 4개월 만에 시장직을 사임했습니다. 심지어 영국점령군은 그를 '정치적 무능력자'라고 낙인 찍기도 했습니다.

피터 드러커*Peter Drucker*는 만약 아데나워가 할리우드에서 고용되었다면 그가 맡은 배역은 기껏해야 회계주임이었을 거라고 말했습니다. 그러나 그는 12년간에 걸친 나치의 공포와 철저한 패전에서 독일사회를 부흥시키는 데 성공했습니다. 그는 또한 유럽공동체 EC의 결성에 중요한 역할을 수행했으며, 독일은 패전국임에도 불구하고 EC에 합류시키는 데에 성공했습니다.[14]

사람들은 다른 사람이 자신을 따르게 만들기 위해서는 어떤 특별한 '기술'이 필요하다고 생각합니다. 있는 그대로의 자기 모습을 보여주는 것으로는 타인을 이끌 수 없다고 생각하면서 뭔가 다른 것을 덧붙이고 치장해야만 다른 사람에게 자신을 어필할 수 있다고 생각합니다. 그러면서 이것이 바로 '리더십의 스킬*skill*'이라고 생각하는 경우가 태반입니다. 리더십이라는 것이 대중을 자기 뜻대로 움직이는 기술입니까? 안타깝게도 한국의 정치인들은 대부분 그렇다고 믿는 것 같습니다.

리더십에 대한 그들의 잘못된 개념이 오늘날 한국사회의 고질적 병폐를 낳고 있는 건 아닌지 생각해보아야 합니다. 정권이 바뀔 때마다 관계, 정계, 교육계, 심지어 군대에 이르기까지 높은 자리에서 권력을 쥐고 있던 많은 사람들이 검거됩니다. 자신뿐 아니라 국민들에게도 온갖 불명예를 입혀 놓고 감옥에서 초췌한 모습으로 괴로워합니다.

그런 사람들을 보면 하나같이 여론을 교묘하게 이용하는 데에 능숙한 사람들이었습니다. 언론을 능수능란하게 다룬 결과 우리는 그들이 막강한 권력을 가졌어도, 상당한 양의 재산을 축적했어도 그들에게 호의적이었습니다. 그렇지만 사실 그들은 도둑이고 강도였다는 것을 나중에서야 알고 분노합니다. 그때서야 그들의 기술에 놀아났다는 것을 알아채기 때문입니다.

리더십 연구가 존 하가이*John Haggai*는 "리더십은 기술(skill)처럼 숙달되는 것이 아니고 원칙(principles)에 의해 이루어지는 것이다. 원칙은 기술이 될 수 없다. 하지만 기술은 원칙을 강화하는 데 도움이 될 수는 있다. 원칙이 리더를 만드는 요소다. 원칙을 지켜나가는 것은 가장 효과적인 방법이며, 지도력을 갖춘 리더로서 책임을 충실히 이행하게 하는 원동력이다"라고 말했습니다.

그렇다면 기술과 원칙의 차이점은 무엇인지 조금 더 본질적인 질문을 해봅시다. 사전을 찾아보면 기술은 '기교, 특히 손이나 몸을 사용하는 기능'을 말합니다. 즉 기술이란 신체적 기능을 약삭빠르게, 교묘하게, 기민하게 사용하는 재주를 말합니다. 이는 반복된 행동을 통해 얻을 수 있는 능력입니다. 요즘 대학의 풍경을 살펴보면, 마치 기계를 다루는 기술을 익히는 것처럼 기술적인 리더십을 가르치고 배우고 있는 것을 발견하게 됩니다. 정치계에서도 여론조사를 통해 수집한 의견을 교묘하게 이용하는 방법이 널리 사용되고 있습니다. 이는 권모술수와 음모 쪽에 가까운 것이며, 진정한 리더십과는 거리가 멉니다.

그렇다면 원칙이란 무엇인가? 원칙이란 법의 제정, 정책수립, 동기부여를 가능케 하는 힘의 근본을 말합니다. 이는 리더에게 반드시 필요한 요소이며 공유가치 · 사명감 · 비전 · 목표설정 · 사랑 · 겸손 · 자기통제 · 커뮤니케이션 등의 원리가 그러한 힘의 근본입니다.

권력을 남용하는 자, 즉 삯꾼과 참 리더의 차이점이란 원칙에 따라 대중에게 '유익'을 가져다주느냐, 아니면 정치적 기교로 대중에게 '해'를 끼치느냐입니다.

리더십은 세련된 기술이 아닙니다. 가치관, 신념, 원칙에 끝까지 시선을 집중하는 근성이 리더십입니다. 우리 시대가 절실히 원하는 리더는 얄팍한 기술에 의존하는 사람이 아니라 차원 높은 소명의식과 비전을 가진 사람, 청렴결백한 사람입니다. 그리고 모든 분야에서 이런 원칙을 관철시키는 사람입니다. 마치 양이 목자를 따르듯이 그들을 따름으로써 유익한 결과를 이끌어낼 수 있는 리더를 사람들은 대망하고 있습니다.[15]

공부 잘하고 출세해야 리더인가?

🎝당신의 생각은?

– 예시를 참고하여 자신만의 문장으로 완성하십시오.

기술로 잠깐은 남의 눈을 속일 수도 있고, 그들의 마음을 사로잡을 수도 있다. 그렇지만 진정한 리더십은 얄팍한 기술에서 나오는 것이 아니라, 변치 않는 원칙에서 나오는 것이고 나의 원칙은 _____

_____

_____

예1) 해야 될 일에만 집중함으로써 하지 말아야 할 일을 할 만한 정신적, 시간적, 체력적인 여유가 생기지 않도록 하는 것이다.

예2) 안전하고 확실한 것에 연연하기보다는 다소 불확실하고 고생스럽더라도 내가 미리 디자인해둔 가치 있는 일에 도전하는 것이다.

예3) 첫인상을 좋게 하기보다는 갈수록 진국이라는 말을 들을 수 있도록 행동하는 것이다.

🎝리더십 리포트 *Leadership Report*

··· 간디의 리더십은 어디서 나온 것일까. 현실적인 권력도, 충성스런 가신도, 방대한 산하조직도 없었지만 막강한 힘과 영향력을 발휘했다. ··· 도덕적 용기와 결의는 물론 결단력과 신중함을 같이 갖추었다. 더 훌륭한 것은 부단한 자기반성을 통해 당초의 열정과 에너지를 유

지하고 여러 사람들을 설득하여 함께 끌고 간 점이다.

독선에 빠지거나 눈앞의 목표 때문에 원칙을 저버리는 일이 없었다. 성취에 자만하여 힘을 남용하지 않고 항상 더 나은 목표를 향해 꾸준히 정진했다. … 전 생애가 너무나 투명하여 말과 행동, 원칙과 실천, 공과 사가 완전히 일치됨을 보여준다. …

(동아일보 2000. 4. 15)

⋯▸ 오래도록 존경받는 리더는 그 생애가 맑고 투명합니다. 어떠한 위선이나 거짓도 없이 자신의 목표를 향해 정진하며, 여러 사람과 그 목표를 나누어 공동의 비전을 건설합니다. 리더십은 기술에서 나오는 것이 아니라 어떠한 것에도 흔들리지 않는 원칙에서 나옵니다.

공부 잘하고 출세해야 리더인가?

리더는 만능
슈퍼맨이어야 하는가?

"학생, 자네가 제발 이 대학의 총장이 되어주지 않겠나?"

미국에서 있었던 일입이다. 한 고등학교 졸업자가 대학에 입학원서를 낸 후 입시상담 교수를 만났습니다. 그 교수는 침통한 어조로 말했습니다. "미안하네. 자네 성적은 우리 학교에 입학하기에는 너무 낮아서 자네를 받아줄 수가 없다네."

낙심한 학생이 힘없이 돌아서서 문을 열고 나서려고 하는데 교수가 다시 학생을 불러 앉혔습니다. "그런데 이보게나, 학생으로 입학하는 대신에 이 대학의 총장으로 취직하는 것은 어떻겠나? 이 대학의 총장 자리는 오랫동안 비어 있는데, 아무도 오려 하지 않는다네. 제발 자네가 총장이 되어주지 않겠나?"

이 이야기는 얼마 전에 대학총장들이 연례회의를 하면서 '오늘날 대학총장의 역할'에 대해 논의할 때 나온 농담입니다. 이는 미국 대학에서 데모와 폭동이 심각하게 일어나고 있을 때의 상황을 풍자하는 말입니다. 모임에 참석한 모든 사람, 그 중에서도 이와 비슷한 경험을 한 총장들은 박장대소했습니다.

하지만 이건 웃고 넘어가면 되는 지난날의 농담이 아닙니다. 이 이야기는 오늘날의 미국총장들에게도 적용됩니다. 미국의 4대 유명대학인 하버드*Havard*, 예일*Yale*, 시카고*Cicago*, 스탠포드*Stanford* 대학에서는 최근 임기가 끝나기도 전에 총장들이 모두 사임했습니다. 그들이 사임한 이유를 잘 알 수는 없지만, 그들의 공통분모 중 하나는 날로 증가하는 막중한 책임을 더 이상 견뎌낼 수 없었다는 것이며 특히나 대학의 기금을 늘려나가야 한다는 부담감은 더욱 견딜 수 없어 했다고 합니다.

하버드 대학의 예를 보면, 이 대학에서는 58억 불의 기본재산 위에 25억 불을 더 늘리는 새로운 목표가 설정되었는데 이것은 데렉 보크*Derek Bok* 총장으로 하여금 사직서를 제출하게 만들었습니다.

한국 대학들의 경우도 마찬가지입니다. 한국 대학의 총장들은 교내 여러 집단들 사이에서 샌드위치처럼 끼어 난처한 입장에 처해 있습니다. 각 집단들은 더 많은 재정적 지원을 요구하고 있습니다. 1988년, 소위 민주화 과정이 시작되면서 학생들은 수업료를 인하할 것을 요구하는 한편, 교직원 노동조합에서는 물가상승률에 걸맞는 봉급인상을 요구했습니다. 또 교수회에서는 수업료는 인하하고 자신들의 봉급은 인상하라고 요구합니다. 총장이 어떻게 이 각각의 요구들을 모두 다 만족시킬 수 있습니까? 하나도 아니고 서로 상충되는 요구들을 경쟁적으로 내놓는데, 어떻게 이 모든 것을 다 만족시킬 수 있단 말입니까?

"학생에겐 좋은 친구로, 직원들에겐 좋은 동료로, 동창회에서는 친밀한 선후배로, 재단 이사들에겐 능력 있는 경영자로, 정부관료들에게는 훌륭한 교섭자로, 언론계에서는 사람을 감동시키는 교육계의 대표로, 사회에서는 너그러운 기여자로, 집에서는 좋은 아버지로, 종교계에선 돈독한 신앙인으로, 음악회에선 열렬한 음악 마니아로 서야한다. 또한 그는 능력 있는 재정확보자이기도 해야 한다."

이는 캘리포니아 *California* 대학의 전 총장이었던 크락 겔 *Crack Gel* 의 말입니다. 이 말은 각국의 대학 총장들을 우울하게 만들 수도 있지만, 그렇다고 너무 낙심할 필요는 없습니다. 세상에 그 누구도 이 모든 역할을 다 해내지는 못합니다. 리더는 만능 슈퍼맨이 아닙니다. 세상 어디에도 만능 슈퍼맨은 없습니다. 비록 이 모든 역할을 다 해낼 수 없다고 해도 총장 역할은 충분히 해낼 수 있습니다.[16]

리더에게 많은 자질과 능력이 필요한 것은 사실입니다. 그렇지만 리더는 슈퍼맨이 아닙니다. 자신에게 주어지는 과도한 요구를 모두 혼자서 처리할 필요는 없습니다. 주변에 자신을 도와줄 수 있을 만한 조력자를 포진시키고, 적절하게 일을 분배하는 것도 리더의 자질이고 능력입니다. 오히려 모든 것을 잘해야 한다는 강박관념은 리더로서의 능력을 저하시킬 수도 있고, 리더로서 자질이 없다는 자괴감만 느끼게 할 수도 있습니다. 리더는 모든 것을 다 잘해야 하는 사람이 아닙니다. 자신에게 주어진 일을 잘해내겠다는 마음가짐으로도 리더의 자격은 충분합니다. 남들이 뭐라 해도 자신의 길을 가겠다는 의지, 투철

한 사명감, 그리고 타인을 위하는 희생정신만 있다면 훌륭한 리더가 될 수 있습니다. 그리고 그런 모습은 주변에 조력자를 모여들게 만듭니다.

❧당신의 생각은?

— 예시를 참고하여 자신만의 문장으로 완성하십시오.

리더는 가장 많이 일하고, 가장 책임을 많이 지는 사람임에는 틀림없다. 그렇지만 모든 일을 혼자 짊어질 필요는 없다. 혼자 하기에 너무 버겁다면 다른 사람에게 손을 내밀 줄 아는 것도 리더의 능력이며 자질이다. 훌륭한 조력자를 얻기 위해 나는 ＿＿＿＿＿＿＿＿＿＿＿

＿＿＿＿＿＿＿＿＿＿＿＿＿＿＿＿＿＿＿＿＿＿＿＿＿＿＿＿＿＿＿

＿＿＿＿＿＿＿＿＿＿＿＿＿＿＿＿＿＿＿＿＿＿＿＿＿＿＿＿＿＿＿

예1) 베트남 전쟁 당시의 노먼 슈워츠코프*Norman Schwarzkopf* 장군처럼 지뢰밭으로 걸어 들어가서 부상당한 병사를 업고 나올 것이다.

예2) 자신이 일하는 부엌 벽을 사람들의 이름을 적은 리본으로 장식해두고 그들을 위해 기도했던 메리 제인 셰퍼드*Mary Jane Shepard*처럼 사랑의 향기를 발산하는 나만의 방법을 개발할 것이다.

예3) 강력한 반대파를 초청하여 그에게서 우표수집에 관해 한 수 배운 시어도어 루즈벨트*Theodore Roosevelt*처럼 적을 친구로 만드는 기술을 연마하겠다.

요즘 아버지들에게 걱정이 끊이질 않는다. 온 종일 달라진 직장문화에 적응하느라 파김치가 된 채로 집에 돌아오면 아내를 도와 살림을 거드는 것쯤은 마땅히 해야 할 일이지만, 더욱 신경쓰이는 것은 너무 빨리 커버린 자녀들을 보살피는 일이다. … 자녀들에게 "아! 우리 아버지가 나보다 못하는 것도 있어" 하는 것을 느끼게 해줘야 한다. 우리 아버지들은 초능력자도 아니요, 만능 슈퍼맨도 아니다. 자신은 스스로 그렇지 못하다는 것을 알면서도 가정에서 특히 자녀들 앞에서는 무엇이든지 다 잘하고 모든 것을 해결해야 한다는 강박관념에 빠질 때가 있다. 자녀들과 진정한 대화를 하며 좀더 가까워지기 위해서는 아버지들이 빈틈을 보여주는 것도 좋은 방법 중의 하나다. …

(세계일보 2000.7.27)

⋯▸ 모든 일을 다 잘해야 한다는 강박관념, 다른 사람의 기대에 꼭 부응해야 한다는 부담감은 주어진 역할을 제대로 수행하지 못하도록 만드는 경우가 더 많습니다. 중요한 것은 자신을 솔직하게 보여주고, 힘이 들 때에는 주변에 도움을 요청할 줄도 알아야 한다는 사실입니다. 리더는 만능 슈퍼맨이 아니며, 또 그럴 필요도 없습니다.

리더는 태어나는가,
만들어지는가?

"아무리 생각해도 나는 리더는 아닌 것 같아"

미국의 어떤 도시에 12명의 평범한 여성들이 있었습니다. 이들 중 일부는 아주 젊었고 일부는 중년이었으며 대부분 홀아버지 또는 홀어머니 밑에서 자랐습니다. 그들 중 절반 이상은 대학을 졸업하지 못했으며, 대다수가 집에서 허드렛일을 하면서 시간을 보내고 있었습니다. 따라서 그들이 전문기술이나 이렇다 할 사회적 지위를 갖고 있지 않은 것은 당연한 일이었습니다. 리더가 될 수 있는 특별한 훈련을 받을 기회가 있었을 리 없었고, 또 사실 그들에게 리더로서의 잠재력이 있으리라고 판단하기도 어려웠습니다.

그러다가 이들 중 어떤 사람의 자녀가 공업제품의 결함으로 인해 중병을 앓는 고통을 당했습니다. 또 그들 중 어떤 사람은 음주운전자 때문에 자녀를 잃는 불행을 겪었습니다. 이런 일련의 사건을 경험하면서 그들은 비상한 결심을 하게 됩니다. 자기들은 이왕에 고통과 슬픔의 세월을 보내고 있지만 이웃의 다른 부모나 아이들은 자신들과 같은 고통이나 슬픔을 맛보지 않게 하리라는 것이 그 결심의 내용이었습니다.

이런 결심을 실행에 옮기기 위해 그들은 팔을 걷어 부치고 나서서 조직을 만들고, 항의집회를 열고, 활발한 교섭을 벌였습니다. 그 결과 그들은 '음주운전에 대항하는 어머니 협회'를 결성하는가 하면, '무의탁 어린이의 진료 보장에 관한 법률'의 제정, 그리고 '소비자 대표에 의한 제품 기준'을 제정하는 눈부신 성과를 거두었습니다.[17]

위와 같은 사례에서 볼 수 있는 것처럼 어떤 결정적인 도전에 직면하기 전까지 우리는 우리 내부의 진정한 힘이 얼마나 큰지 알 수가 없습니다. 결정적인 도전에 직면했을 때, 그 도전을 극복하고자 하는 결연한 의지, 즉 사명감을 지니게 되면 전에는 상상하지도 못했던 일을 해낼 수 있고 또한 많은 사람의 힘을 한곳으로 모으는 능력인 리더십도 발휘할 수도 있습니다.

태어날 때부터 어떤 사람은 리더가 되고 어떤 사람은 리더가 되지 못한다고 정해져 있다고 생각합니까? 많은 사람들이 이미 리더가 될 사람은 따로 정해져 있고 자기는 리더가 될 재목이 안 된다는 다분히 '운명론'적인 생각을 갖고 있습니다. 자신이 하고 싶은 일, 자기가 되고 싶은 모습을 한번 제대로 그려보기도 전에 '난 아니야, 난 안 돼'라는 부정적이고 패배적인 생각에 젖어버리는 사람, 혹은 애꿎은 주변 환경만을 탓하면서 '이건 이래서 할 수 없고, 저건 저래서 안 돼'라고 핑계만 대는 사람들도 있습니다.

그렇지만 리더는 태어나는 것이 아니라 만들어지는 것입니다. 리더는 선천적인 요소로 결정되는 것이 아닙니다. 모든 사람 안에는 리더로서의 잠재력이 숨어 있습니다. 리더가 되느냐 그렇지 않느냐는 그것을 알아보고 어떻게 개발하느냐에 달려 있는 것입니다.

"관리자는 태어나는 것인가, 아니면 만들어지는 것인가?" 라는 질문은 앞에서 리더에 대해 물었던 질문과 비슷합니다. 관리자의 경우는 리더의 경우보다 훨씬 더 후자에 가깝습니다. 관리능력은 학습을 통해 개발될 수 있다고 보기 때문에 수많은 대학들이 경영학과와 경영대학원을 설치하여 관리과정을 가르치고 있습니다. 학교와 기업에서는 해마다 관리자들을 교육시키기 위해 엄청난 비용을 쓰고 있으며 사람들에게 관리자로서 갖춰야 할 소양이나 기술, 그리고 지식을 습득케 함으로써 관리자들의 능력을 향상시켜 왔습니다.

리더십은 타고나는 것이 아니라 수련을 통해 개발되는 것입니다. 사람은 누구나 자신과 타인을 이끌 수 있습니다. '아무리 생각해도 나는 리더는 아닌 것 같아' 라는 생각은 잘못된 것입니다. 다만 아직 리더로서의 능력을 발휘할 수 있을 만한 도전을 받아들이지 못했을 뿐입니다.

공부 잘하고 출세해야 리더인가?

🎵 당신의 생각은?

— 예시를 참고하여 자신만의 문장으로 완성하십시오.

리더십은 나면서부터 정해지는 것이 아니라, 수련과 경험을 통해 학습되는 것이다. 탁월한 셀프리더, 효과적인 슈퍼리더가 되기 위해 내가 할 수 있는 일은 _____

_____

예1) NGO(시민운동조직체)에 가입하여 많은 사람들 앞에서 사회현상에 대한
    나름대로의 의견을 활발히 개진한다.

예2) 리더십 전문 교육프로그램에 참가하거나 경영대학원에 들어가서 조직행
    동과 그룹 다이내믹스, 팀워크 등에 대한 체계적인 지식을 쌓는다.

예3) 하루에 세 명의 친구들에게 전화를 걸어 그들의 이야기를 듣고 그들에게
    중요한 사람이 되기 위해 노력함으로써 결국 여러 사람들의 중심에 설 수
    있도록 노력한다.

🎵 리더십 리포트 *Leadership Report*

재즈피아니스트 임미정 씨(31). 미국 뉴욕 맨해튼 음악대학에 유학 중인 그녀가 얼마 전에 자신의 첫 앨범 'Flying'을 들고 한국으로 돌아왔다. 톰 해럴(트럼펫), 조지 가존(색소폰) 등 마니아라면 이름만 대면

금방 알 수 있는 뮤지션들이 세션을 맡았다. … 대학시절 그녀는 수학을 전공한 평범한 학생이었다. 수학 선생님이 되어 좋은 남편 만나 행복한 가정을 꾸리고 사는 것 정도가 인생의 목표였다. 그러던 그녀가 졸업을 앞두고 '탈선'을 시작했다. 우연히 들은 칙 코리아의 음반에 반해 재즈를 해보겠다고 덜컥 결정해버린 것이다. … 돈과 시간에 쫓기면서도 참으로 '독하게' 공부를 했다. 새벽 2시 이전에는 집에 들어가본 적이 없었고 연습을 하다 피아노 위에서 쓰러져 잠든 적도 한 두 번이 아니었다. 남들보다 늦게 시작한 만큼 2배, 3배로 노력했다. …

(경향신문 2003. 3. 26)

⋯ 살아가다 보면 여태까지 꿈쩍도 하지 않고 제자리만 지키던 사람도 움직이는 '강한 계기'를 만나게 되어 있습니다. 그렇다고 그 계기를 기다리고만 있으라는 말이 아닙니다. 그 계기가 왔을 때 자신의 것으로 만들 수 있도록 꾸준히 연습하고 준비해야 합니다. 리더십은 그냥 거저 떨어지는 것이 아니라, 노력과 연습으로 만들어지는 것입니다.

공부 잘하고 출세해야 리더인가?

셀프리더십

나를 나의 목적지까지
이끌어가는 에너지

3

무엇이 가장 중요한지 확실한 가치관을 세워라 | 사명 플래카드를 내걸어라 | 최종목표지점을 일찍 확정하라 |
'노르망디 상륙작전' 을 감행하라 | 미래자서전을 출판하라 | 멘토와 의논하라 | 사방에서 "큐" 소리가 들려오
게 하라 | 핑계보다는 기회를 찾는 사고습관을 가져라 | 즐길 수 없다면 차라리 하지 마라 | 일단 목표를 정했으
면 확 저질러라

꿈은 영혼의 산소입니다. 꿈은 어둠을 밝히는 빛입니다. 꿈은 사는 맛 그 자체입니다. 꿈이 현실로 이루어지는 순간보다 아름답고 감동적인 순간은 없습니다. 2002년 6월 28일, 상암 월드컵 경기장에서 독일과의 4강전이 있던 날 붉은 악마들이 "꿈은 이루어진다"는 메시지를 내걸자 모든 한국인들의 가슴은 터질 듯이 방망이질 쳤습니다.

꿈은 운명을 바꾸어 놓습니다. 세상은 꿈꾸는 자의 것입니다. 꿈은 반드시 현실로 이루어집니다. 그렇지만 꿈이 저절로 이루어지는 것은 아닙니다. 꿈을 꾸는 자들이 탁월한 리더십을 발휘할 때에만 실현됩니다. 월드컵 4강의 꿈이 이루어진 그 이면에는 히딩크와 붉은 악마 본부의 리더십이 있었습니다. 리더십은 꿈을 현실로 만드는 경이로운 에너지입니다.

우리는 리더를 지도자指導者라고 씁니다. 그 중 도(導) 자에 있는 책받침 변(辶)은 배의 모습을 하고 있습니다. 배의 앞면은 마치 용의 머리와 같이 생겨서 거북선처럼 연기를 뿜어 적을 놀라 달아나게 만들 것처럼 생겼습니다. 또한 배의 뒷부분은 뱀의 꼬리와 같이 생겨서 배가 유연하게 앞으로 나아갈 수 있게 합니다.

이런 배 안에 있는 사람들은 세 부류로 구분할 수 있습니다. 첫째는 배에서 술을 마시면서 '노세, 노세' 하며 노래를 부르는 한량 부류, 둘째는 배의 갑판에 올라와서 사방을 돌아보며 '배가 왜 저리로 안 가고 이리로 가느냐' 등의 말만 늘어놓는 떠버리 부류, 그리고 셋째는 배가 처한 좋고 나쁜 상황을 파악하고 배가 가야 할 방향을 보면서 묵묵히

노를 젓는 부류입니다. 이 세 부류 중에서 지도자는 바로 셋째 부류에 속하는 사람들을 말합니다.

머리(首)를 써서 방향을 바르게 보고, 어떻게 하면 그곳으로 갈 수 있을지를 생각하면서 한 걸음씩(寸) 전진하는 사람, 자기 자신을 다스리면서 스스로 선택한 어떤 가치 있는 목표를 향하여 한 걸음씩 전진하는 능력을 갖춘 사람을 우리는 셀프리더라고 부릅니다. 또 성공적인 셀프리더가 다른 사람 또한 자신과 같은 성공적인 셀프리더가 될 수 있도록 바르게 인도하기 시작하면 그때부터 그는 슈퍼리더가 됩니다. 이 시대는 진정한 셀프리더와 슈퍼리더들을 필요로 하고 있습니다. 당신도 리더가 될 수 있습니다. 이제 자기 자신을 리드하는 셀프리더로서의 수련부터 시작하십시오.

꽃 꽃 꽃

무엇이 가장 중요한지
확실한 가치관을 세워라

"나는 다만 정의의 편에 설 뿐이다"

수년 전, 미국 국무성에서 외교관 공개채용시험이 있었습니다. 이미 필기고사를 통하여 합격범위는 상당히 압축되어 있었지만 최종 구술시험의 경쟁도 여간 치열한 것이 아니었습니다. 쟁쟁한 박사학위 소지자, 대대로 미국에 뿌리를 박고 사는 백인 엘리트들, 그리고 국제 외교 분야에서 이미 상당한 실무경력을 쌓은 실력자들이 첨예한 경쟁을 벌이고 있었습니다.

한국 출신 이민 2세인 정주리도 필기시험에 합격되어 구술시험을 치르게 되었습니다. 3살 때 부모를 따라 미국으로 건너간 그녀는 누가 보아도 한국인이라는 것을 금방 알 수 있었습니다. 그녀는 아무런 경력도, 배경도, 박사학위도 없는 처지에서 쟁쟁한 실력자들과 경쟁하게 되었습니다. 그녀는 어느 모로 보나 지원자 중 가장 불리한 여건에 있었습니다.

드디어 구술시험 날짜가 되었고 정주리가 시험관 앞에 앉았습니다.

"자료를 보니까 한국계 이민 2세인데 맞습니까?"

"네, 그렇습니다."

"당신은 한국인의 후예로 한국에서 태어나 지금은 미국시민으로 살고 있습니다. 그런데 만약 이번 시험에 합격하면, 앞으로 미국정부의 외교관이 되어 활동을 하는 과정에서 미국의 이익과 한국의 이익이 서로 충돌하는 현장에 있게 될 수도 있습니다. 그렇게 된다면 당신은 어느 쪽의 이익을 선택하실 작정입니까?"

"저는 미국이나 한국, 그 어느 편에도 서지 않을 것입니다. 저는 다만 정의의 편에 설 따름입니다."

바로 그 한마디였습니다. 누가 보아도 가장 불리한 위치에 있던 정주리를 당당히 합격시킨 것은 이 결정적인 한마디였습니다. 비슷한 질문에 대해 대부분의 사람들이 미국의 편에 서겠다고 대답했지만 그런 사람들은 모두 불합격했습니다.

면접시험에서의 그 질문은 너무나 날카롭고 대답하기 난처한 것이었습니다. 그럼에도 불구하고 정주리는 어떻게 일말의 망설임도 없이 그런 절묘한 대답을 할 수 있었을까요? 그런 문답은 그 어떤 면접시험 대비용 책에도 나와 있지 않은 질문이었고 대답이었던 것입니다.

그녀는 철저한 신앙생활을 하는 부모의 영향으로 어려서부터 하루도 빠짐없이 성서를 읽었습니다. 성서를 읽으면서 그녀의 마음속까지 가장 깊이 파고 들어온 단어는 바로 공의로움, 즉 정의였습니다. 그러면서 자연스럽게 그녀의 삶에 있어서 정의가 가장 중요한 요소가 된 것입니다. 그녀가 외교관이 되겠다는 꿈을 꾸게 된 것은 바로 성서에 비추어진 공의로움을 현실의 국제관계에서 세워야 한다고 생각했기 때문입니다.

그녀에게 있어서 외교관 시험에 합격하는 개인적 성공은 아주 중요한 일이었습니다. 그러나 개인적 성공보다 더 중요한 것은 가족간의 사랑이었고, 그보다 더 중요한 것은 국가의 이익이었습니다. 그리고 국가의 이익보다는 정의가 더 중요했습니다. 그녀에게 정의보다 더 중요한 것은 없습니다. 그녀는 국가의 이익이나 가족간의 사랑 및 개인의 성공이라는 것도 정의가 실현될 때 극대화되는 것이라고 생각했습니다.[18]

자신이 가장 소중하게 생각하는 것이 무엇인지 명확하게 알면 나아갈 길이 보이기 시작합니다. 이것이 바로 가치관입니다. 무엇이 무엇보다 중요하다는 생각의 체계는 그것을 중심으로 세상을 바라보고 움직일 수 있게 해줍니다. 때로 길을 잘못 들어섰을 때 이는 경고등을 켜서 방향을 선회할 수 있게 돕기도 합니다.

자기가 가장 중요하다고 생각하는 일에 온 마음과 온 몸을 바쳐 매진할 때 사람들은 영혼 깊은 곳에서 우러나오는 기쁨을 느낍니다. 설혹 자신이 잘하는 일이라고 해도, 그것을 중요하게 생각하지 않는다면 기쁨으로 충만할 수 없습니다. 만약, 자신이 하고 있는 일을 스스로가 중요치 않게 생각하고 있음을 깨닫는 순간이 찾아온다면 자신이 중요하다고 생각하는 일을 향해 발길을 돌리는 결단이 필요합니다. 현대 경영학의 대부 피터 드러커에게도 그런 결단의 순간이 있었습니다.

무엇이 가장 중요한지 확실한 가치관을 세워라

나 자신의 개인적인 일을 회고해본다면, 나 또한 수십 년 전에 내가 잘하고 있는, 그것도 성공적으로 하고 있는 일과 나의 가치관 사이에서 어느 것 하나를 선택해야 하는 순간에 놓인 적이 있었다. 1930년대 중반 런던에서 나는 젊은 은행가로서 자타가 공인할 정도로 훌륭한 성과를 올리고 있었고, 그것은 분명 나의 강점과 부합했다. 그렇지만 나는 내가 한 사람의 재산관리자로서 사회에 공헌하고 있다고 여겨지지 않았다. 내가 가치를 두고 있는 것은 돈이 아닌 사람이었다. 나는 가장 부유한 사람으로서 땅에 묻히는 것에도 아무런 흥미를 느끼지 못했다. 대공황시절에 나는 돈도 없었고, 직업도 없었고 그리고 전망도 밝지 않았다. 그러나 나는 은행에서 물러났다. 그리고 그것은 옳은 결정이었다.[19]

무엇이 무엇보다 더 중요하다는 생각의 체계, 일생을 두고 모든 선택의 갈림길에서 무엇을 최고의 기준으로 삼을 것인지를 아는 것이 성공적인 셀프리더십의 첫 요건입니다. 이러한 가치관은 우리의 궁극적 운명을 좌우하는 나침반입니다. 무엇이 다른 무엇보다 더 소중하다는 생각의 체계가 없으면 우리는 우리가 진정으로 원하는 것이 무엇인지를 모르게 됩니다. 인생의 고비에서 어떤 결정을 내려야 하는지 갈팡질팡하다가 결국에는 인생을 낭비하게 됩니다. 그러니 고통스러운 삶의 연속일 수밖에 없습니다. 확고한 가치관이 없으면 인생의 목표를 달성해봤자 영혼의 행복은 느낄 수 없습니다.

큰일을 주도하면서 자기를 옳게 이끌고 타인에게 도움을 주는 리더들은 먼저 가치관과 원칙들을 재검토한 다음, 그 가치관을 실현시킬 수 있는 사명을 발견하고 사명이 이루어진 모습을 담은 그림, 비전을 향해 나아갑니다.

가치관—사명—비전—원칙—전략—행동목표를 하나의 내면적 체계로 구축하고 그 체계에서 발산되는 에너지로 자기자신과 타인을 새로운 이상의 세계로 이끌어 나가는 사람을 우리는 리더라고 부릅니다. 그런 리더들의 역량, 즉 리더십은 이상을 현실로 만드는 경이로운 에너지입니다. 일단은 자신에게 가장 소중한 것이 무엇인지 생각해보십시오. 거기에서부터 셀프리더십이 시작됩니다.

✁ 당신의 생각은?

– 예시를 참고하여 자신만의 문장으로 완성하십시오.
나에게 가장 소중한 일, 내가 볼 때 세상에서 으뜸이 되는 가치를 지닌 일들을 중요도에 따라 차례대로 나열해보면 다음과 같다. 나는 내가 정한 우선순위 1번의 가치를 완전히 이루고 난 다음, 남는 힘이 있을 때 비로소 2번에 눈을 돌리고, 또 남는 힘이 있을 때 3번에 눈을 돌리는 식으로 행동할 것이다.

나의 우선순위 1번 가치

_____

_____

무엇이 가장 중요한지 확실한 가치관을 세워라

나의 우선순위 2번 가치

_____

_____

나의 우선순위 3번 가치

_____

_____

예1) 현실사회에서 노력을 통해 시대적 과제를 해결하는 적극적 행동

예2) 인정과 우애가 있는 대인관계의 형성과 유지

예3) 이상을 추구하기 위한 자기통제

예4) 명상을 통한 내적 성찰

예5) 마음 내키는 대로, 자유자재로 즐기는 흥겨운 생활

예6) 우주의 초월적 목적과 의지에 순응하고 봉사하는 삶

예7) 단순하고 손쉽게 얻을 수 있는 즐거움

리더십 리포트 *Leadership Report*

우리나라 대학생들이 가장 좋아하는 삶의 가치관은 '현실사회에서 노력을 통해 과제를 해결하는 적극적 행동'인 것으로 나타났다. 또 70년 대에는 그다지 선호하지 않던 '인정과 우애 있는 대인관계의 형성과 유지'도 최근 들어 선호도가 매우 높아진 것으로 나타났다. … 조사에

따르면 70년대에는 '이상을 추구하기 위한 자기통제'가 선호도 1위 가치관이었으나 올해 조사에서는 4위로 밀려났다. … 70년대에는 3위였던 '명상을 통한 내적 생활'은 올해의 경우 7위로 밀려났다.

(동아일보 2002. 10. 21)

⋯→ 가치관은 시간이 흐르고, 세월이 변하면서 조금씩 달라집니다. 하지만 적어도 향후 30년 동안은 변치 않을 만한 가치관을 갖는 것은 매우 중요합니다. 자신에게 가장 중요한 것, 절실한 것이 무엇인지 생각해보십시오. 이는 어느 길을 어떻게 가야 할지를 밝혀주는 등불이 될 것입니다.

사명 플래카드를
내걸어라

"이 묵시를 기록하여 … 달려가면서도 읽을 수 있게 하라"

1995년 연말, 다른 사람들은 모두 신정연휴를 즐기기 위해 연인과 함께, 혹은 가족들과 함께 온천으로 관광지로 떠났지만 나(강헌구)는 10여 명의 수원비전스쿨 학생들과 함께 아무도 없는 캠프촌을 찾았습니다. 그리고 밤을 지새우며 사명과 비전에 대해 토론했습니다. 삶의 과정에서 꼭 이뤄야 할 것, 이루고 싶은 것, 진정으로 원하는 자신의 모습 등등에 대해 서로 이야기를 나눴습니다. 그러다 생각이 막히면 영하 15도를 오르내리는 겨울밤, 살 속 깊숙이 파고드는 바람을 무릅쓰고 산골짜기를 배회하며 고민했습니다. 생각이 정리되면 정리된 생각들과 내 삶의 여정에 나타날 모습들을 또박또박 글로 써 내려갔습니다. 그날, 내가 쓴 사명선언문은 다음과 같은 것이었습니다.

캠프에서 돌아온 뒤 나는 이 사명선언문을 프린트하여 예쁜 액자를
여러 개 만들었습니다. 그리고 내 눈길이 닿는 곳곳에 그 액자들을 놓
아 눈만 뜨면 이 사명과 비전이 내 눈을 찌르고 들어오게 하였습니다.
수첩에도 적어놓은 다음 수첩을 펼칠 때마다 읽고 또 읽었습니다. 나
중엔 가로 1m, 세로 1m 크기의 현수막으로 제작하여 연구실 책상 정
면 벽에 걸어놓았습니다. 또 휴대용을 별도로 제작하여 여행지의 숙
소에도 걸어놓았습니다. 심지어 강연을 할 때에도 사명플래카드를 강
연장 벽에 걸어놓고 강연을 했습니다.

그날, 1996년 1월 1일 내가 '나의 사명'이라고 쓰기 위해 'ㄴ'자를
꼬부리던 그 순간부터 나의 운명은 급격히 달라지기 시작했습니다.
그때까지 나는 전형적인 월급쟁이에 불과했지만 그날부터 뭔가 조금
씩 달라지기 시작했습니다.

여기저기서 나의 강연을 듣고 싶다는 사람들이 늘어났으며 중요한

토론회의 패널리스트로 초청되기 시작했습니다. 그런가 하면 라디오 방송국에서는 저녁 명상프로와 아침 시사프로를 진행해달라는 섭외가 들어왔습니다. 그리고 《아들아, 머뭇거리기에는 인생이 너무 짧다》도 집필했습니다. 이 책은 나오자마자 예상치 못한 반응을 일으켰습니다. 한국뿐만 아니라 미국, 유럽, 일본에 있는 독자들로부터 이메일과 전화가 쇄도했습니다. 일본에서는 이 책의 번역출판을 검토하고 있고, 중국과 대만에서는 이미 번역이 완료되었습니다.

그날로부터 7년이 지난 오늘, 저는 이제 더 이상 무기력한 월급쟁이가 아닙니다. 21세기의 지구촌을 책임질 사람들에게 비전과 리더십의 원리를 전파하는 대단히 중요한 일을 하고 있습니다. '비전—리더십 분야의 세계적인 베스트셀러'도 '100개의 비전스쿨'도 모두 가시권 안에 들어왔고 이제 손에 잡히기 직전입니다.

꿈은 반드시 이루어집니다. 머뭇거리기에는 인생이 너무 짧습니다. 구약성서를 보면 '묵시를 기록하여 판에 명백히 새기되 달려가면서도 읽을 수 있게 하라 … 지체되지 않고 정녕 응하리라'라고 되어 있습니다. 여기서 '묵시'란 사명이나 비전을 말하는 것이고, '달려가면서도 읽을 수 있게 하라'는 말은 어디에서나 쉽게 눈에 들어오도록 사명을 게시하라는 말입니다. 나는 사명선언문을 현수막이라는 판에다 또렷이 새겨놓고 달려가면서도 계속 읽었더니 그것이 정녕 현실이 되는 경험을 했습니다.

짧은 사명선언문을 작성해서 그것을 현수막으로 만드십시오. 그 문장을 핸드폰 초기화면에도 새기고 컴퓨터 배경화면에도 새겨넣으십시오. 눈만 뜨면 그 글자들이 피부를 파고들게 하십시오. 그러면 그 글자들이 설명할 수 없는 흡인력으로 당신을 당신의 목표지점으로 잡아당겨 줄 것입니다. 사명과 비전 없이 리더십을 발휘할 수는 없습니다.

당신의 생각은?

－ 예시를 참고하여 자신만의 문장으로 완성하십시오.

나의 궁극적 사명을 한 줄로 요약하면 다음과 같다.

나의 사명은 _____

_____

_____

_____

예1) 가난 때문에 날개를 접는 청소년이 없는 세상을 만드는 것이다.

예2) 21세기 한국을 책임질 사람들에게 필요한 비전과 리더십의 원리를 전파하는 것이다.

예3) 계속 파괴되고 있는 생태계와 희귀식물을 보호하는 것이다.

위에 적은 사명을 완수하기 위해 나의 강점을 최대한 살려 내가 할 수 있는 일을 하나 또는 둘로 요약하여 되고 싶은 나의 모습을 부각시킬 것이다. 좀더 결의를 확고하게 하기 위해 달성 시한과 일의 분량을 숫자로 구체화하면 다음과 같다.

나는 _____

_____

_____

예1) 최고 권위의 아동심리학자, 청소년지도자가 되어 A.D.2025년까지 100억 원 규모의 소년 소녀 가장 장학재단을 제주도에 설립할 것이다.

예2) 환경분야 NGO 리더가 되어 늦어도 A.D.2030년까지 50명 이상의 전문가가 참여하는 백두산 생태연구소를 세울 것이다.

예3) A.D.2010년까지 비전－리더십 분야의 세계적인 베스트셀러를 내놓을 것이며 그때까지 지구촌 전역에 100개의 비전스쿨을 설립할 것이다.

리더십 리포트 *Leadership Report*

… "현명한 리더는 행동하기 전에 계획합니다. 목표는 사람들을 하나로 만들고 동기를 부여합니다. 그리고 행동을 촉구합니다."

왜 우리는 이 사람의 말에 귀 기울이는가? 그것은 인류의 양심을 향한 확고하고도 또렷한 외침이었기 때문이다. 그리고 또 하나, 리더십에 있어서 그 보다 더 강하게, 한 시대와 국가, 사람들을 뒤흔든 예가 없기 때문이다. … 그에게 리더십은 힘의 행사가 아니었다. 그는 "사랑이 결여된 힘은 무모하고 독단적이다. 그러나 힘이 결여된 사랑은 유약하다"고 설파했다. 그에게 리더십이란 '지배가 아니라 영적 자극'

셀프리더십 :
나를 나의 목적지까지 이끌어가는 에너지

을 의미했다. "오늘의 적과 내일에 함께 미래를 설계할지 모른다는 사실을 잊지 말라"고 강조했던 킹. 그의 말과 행동 하나하나는 당장 눈앞의 이익에만 골몰하는 우리 주변의 리더들에게 꼭 알려주고 싶은 역사의 기록이다.

(동아일보 2001. 5.12)

⋯▸ '행동하기 전에 계획한다' 는 말은 어찌 보면 매우 당연하고, 쉬운 말처럼 느껴집니다. 하지만 장기적인 시각에서 자신의 길을 계획하고, 그 길의 끝에 서 있는 자신의 모습을 상상하면서 매순간을 살아가는 것은 생각만큼 쉬운 일이 아닙니다. 자신의 사명이 무엇인지 생각해보십시오. 그 사명은 당신이 셀프리더로 거듭날 수 있도록 도와줄 것입니다.

최종목표지점을
일찍 확정하라

"누가 뭐래도 나는 최고의 뮤지션이야!"

어떤 라디오 채널에서 '캐피탈 레코드 *Capital record*' 라는 노래가
흘러나오고 있었습니다. 멜로디도 좋았고 가수의 목소리 또한 너무나
멋있었습니다. 노래가 끝나자 DJ는 이 노래가 컨트리 차트에 올라 있
으며 가수 및 작사자는 돈 슐리츠 *Don Schuilitz* 라고 소개했습니다. 그
말이 떨어지자마자 라디오를 듣고 있던 돈의 고교동창들은 입이 딱
벌어져 할 말을 잃었습니다.

미국에서 최고의 인기를 누렸던 캐니 로저스 *Kenny Rogers* 의 컨트
리 뮤직 '더 갬블러 *The Gambler*' 도 돈이 작곡한 곡입니다. 이 노래는
텔레비전 드라마의 소재가 되어 높은 시청률을 기록하기도 했습니다.
돈은 컨트리 차트 5위 이내에 50곡 이상의 곡을 진입시켰고 수많은 상
을 받았으며 미국 컨트리 뮤직의 리더가 되었습니다.

셀프리더십 :
나를 나의 목적지까지 이끌어가는 에너지

라디오에서 흘러나오는 돈의 목소리를 듣고 그의 친구들이 할 말을 잃은 것은 너무도 당연한 일이었습니다. 왜냐하면, 그는 과거에 지독한 음치였기 때문입니다. 고등학교 시절 그는 탬버린을 흔들며 노래하는 것을 좋아했지만 무슨 노래를 해도 음정과 박자를 정확하게 맞춘 적이 없었습니다. 심지어 단 한 소절도 말입니다. 그러면서도 그는 자신을 작곡가, 가수, 예술가로 생각했으며 친구들에게도 그렇게 말하고 다녔습니다.

그는 누구를 만나든지 음악 이야기를 꺼냈고 상대방이 몇 마디만 받아주면 같이 밴드를 결성하자고 제의했습니다. 그렇지만 돈이 음치라는 것을 알 만한 사람은 다 알았기 때문에 음악성이 있는 친구들일수록 그의 제안을 거절했습니다. 돈은 우여곡절 끝에 밴드를 결성하기는 했지만 그 멤버들 모두가 돈과 마찬가지로 음치였습니다.

고등학교 3학년 때 돈이 다니던 교회에서 성가대원을 모집한 적이 있었습니다. 노래에 소질이나 경험은 없어도 되고 열심히만 하면 아무나 된다는 조건이었습니다. 그는 '이때다' 하고 성가대 연습에 나갔습니다. 그러나 첫 연습이 끝나자 지휘자는 돈을 조용히 불러 이렇게 말했습니다.

"아무리 봉사라고는 하지만 그래도 약간의 음악성은 있어야 되는 거야. 이래 가지고는 피해만 될 뿐이라고. 정말로 교회에 도움이 되고 싶다면 노래가 아닌 다른 봉사활동을 찾아보는 것이 좋겠어."

고교를 졸업한 돈은 듀크*Duke* 대학교에 들어갔지만 음악을 향한 열정을 지울 수 없어서 2년 만에 중퇴하고 음악도시로 알려진 내슈빌*Nashville*로 갔습니다. 거기서 밤에만 일하는 직장을 잡고, 잠은 차

안에서 해결했습니다. 이는 돈이 없었기 때문이기도 했지만 더 중요한 것은 낮에는 음반회사를 찾아다녀야 했기 때문입니다.

탬버린을 들고 수많은 음반회사를 찾아다니며 자신의 실력을 보여주었지만 그에게 되돌아온 것은 비웃음과 경멸의 눈초리뿐이었습니다. 그래도 그는 개의치 않았습니다. 오히려 그러면 그럴수록 더 열심히 다녔습니다. 그 과정에서 그가 깨달은 것은 발성연습이 필요하다는 것과 탬버린으로는 아무것도 되지 않는다는 사실이었습니다. 그래서 그는 기타를 배우기로 결심했습니다. 최소한의 시간으로 굶어죽지 않을 만큼의 돈만 벌면서, 나머지 모든 시간은 기타를 배우고 작곡과 발성연습을 하는 데에만 집중했습니다. 매일 미친 듯이 기타를 두들기고 소리치며 그야말로 죽도록 연습했습니다. 그리고 자기는 가수이며 작곡가라는 환상에 사로잡혀 유명 뮤지션들이 모이는 클럽 주위를 배회하고 돌아와서는 또 연습을 했습니다.

자신을 스스로의 힘으로 자기의 목표지점까지 성공적으로 이끌어 가지 못하는 사람은 결코 타인에게 봉사하는 리더가 될 수 없습니다. 자기를 성공적으로 이끌어 나가자면 돈처럼 자기의 최종목표지점이 어디인지를 일찍 확정지어야 합니다. 그는 누가 뭐라고 하건 '미국 최고의 뮤지션'이 되겠다는 최종목표지점을 이미 고등학교 때 결정했습니다. 그리고 오직 그 한 곳을 과녁으로 삼고 목숨 걸고 노력했기 때문에 미국 컨트리 뮤직의 리더라고 하는 자신의 목표지점까지 자기를 이끌어갈 수 있었습니다.[20]

셀프리더가 되기 위해서는 목표점을 일찍 정해야 합니다. 자기가 하고 싶은 일, 잘할 수 있는 일, 전 생애를 통해서 이루고 싶은 것이 무엇인지도 모르고 무작정 이리저리 자기를 끌고 다니다 보면 지치기만 할 뿐 아무런 소득도 얻을 수 없습니다. 다른 사람들은 모두 돈을 비웃었지만 그는 일찍부터 자신의 최종목표점을 설정하고, 그걸 이루기 위해 지치지 않는 열정으로 노력했습니다. 최종목표점에 도착할 때까지 처음과 같은 열정을 유지하기 위해서는 돈처럼 자기가 하고 싶은 일, 자기가 좋아하는 일을 생각하면서 목표를 정하는 것이 좋습니다.

1,500명의 중산층 사람들에게 사회생활의 첫 발을 내디디면서 무엇을 직업이나 직장 선택의 기준으로 삼았었느냐고 물어보았습니다. 그랬더니 83%인 1,245명이 '봉급 많고 승진 빠른 직장'을 선택했고, 17%인 255명만이 자기가 하고 싶은 일, 즉 자기에게 가장 소중한 일을 선택했었다고 대답했습니다.

그로부터 20년이 지난 후에 확인해보니 그 1,500명 전체 중에서 백만장자가 101명 나왔습니다. 그런데 101명의 백만장자 가운데 단 한 명을 뺀 나머지 100명은 모두 자기에게 가장 소중한 일을 선택한 17%의 사람 중에서 나왔다고 합니다. 83%의 사람들은 좀더 빨리 좀더 많은 부를 축적하기 위해 20년을 뛰었지만 결국 만족스럽지 않은 일을 하면서 보통 수준의 소득을 올리며 살았던 데 반해, 17%의 사람들은 탁월한 리더십을 발휘하면서 하고 싶은 일을 하며 살고 있더라는 것입니다.

시카고 대학의 블룸 *bloom* 교수는 120명의 스포츠스타, 예술가, 저명 학자 등 여러 분야의 리더들에 대해 조사하면서 그들로 하여금 그토록 탁월한 리더십을 발휘하게 한 요소는 무엇이었는지를 연구했습니다. 그 결과 선천적 재능이나 가정적 배경 등은 리더가 되느냐 못 되느냐 하는 것과는 전혀 상관이 없었고, 오직 자신의 가치관에 따라 하고 싶은 일을 하느냐 아니냐가 결정적인 변수라는 것이 밝혀졌습니다.[21]

셀프리더가 되기 위해서는 자신이 좋아하는 일이 무엇인지, 무엇을 하고 싶은지, 무엇이 되고 싶은지를 신중하게 생각할 필요가 있습니다. 그리고 나서는 앞만 보면서 그 최종목표점까지 전력질주하는 겁니다. 목표점에 한 발짝씩 가까워지는 자신의 모습을 보면 아무리 힘이 들어도 중도에 포기하거나 옆길로 새지 않습니다. 과정 자체에서 에너지가 충전되기 때문입니다.

❧ 당신의 생각은?

– 예시를 참고하여 자신만의 문장으로 완성하십시오.

나는 내가 자리잡고자 하는 그 도시에서 내가 바라던 짝과 함께 살며, 뜻이 통하는 이들과 팀을 이뤄 즐겁게 일하고 싶다. 그리고 그 일을 통해 나의 사명이 본격적으로 완수되기를 나는 소원한다. 내가 생각하는 2015년의 구체적인 내 모습은 다음과 같다.

셀프리더십 :
나를 나의 목적지까지 이끌어가는 에너지

나의 '비전2015'

_____

_____

_____

_____

_____

_____

예1) 월요일 아침, 3명의 스탭들과 함께 일정을 의논한다. 그리고 나를 찾아온 고객과 계약을 체결한다. 고객과 함께 점심식사를 마친 후 방송국으로 향한다. 20분짜리 영상칼럼 녹화를 마치고 약속된 강연을 하기 위해 상공회의소로 발걸음을 옮긴다. 피곤한 몸을 따끈한 물에 담근 채 하루를 되돌아보며 내일을 설계한다.

예2) 2015년 5월의 어느 화요일, 10여 명의 전문가들과 아침을 함께 들며 광고업계의 최근 움직임에 대해 이야기를 나눈다. 목요일 저녁에는 경영대학원에 나가 특강을 한 다음 생맥주를 즐기며 대학원생들의 말에 귀 기울인다. 여름 · 겨울캠프를 통해 40명의 꿈나무 카피라이터를 길러낸다.

예3) 2015년 봄, 서울 변두리의 전통적인 주택가. 저기 차고와 화단이 있는 단독주택이 남편과 아들 그리고 나, 이렇게 세 식구의 새로운 보금자리다. 지하실엔 탁구대와 당구대가 보인다. 내가 가진 행복을 남들에게도 나눠주기 위해 봉사활동을 시작했는데 3명의 소년소녀 가장과 1명의 무의탁 노인을 보살피는 데 한 달에 300만원씩 들지만 그래도 매달 150만원씩은 저축을 한다.

… 아버지가 우려하는 것은 네가 어느 대학에 들어가고 어떤 번듯한 직업을 가지느냐가 아니다. 아버지가 걱정하는 것은 다만 네가 진정으로 좋아하고 잘할 수 있는 일을 찾는 노력을 게을리하거나 적당히 타협하지나 않을까 하는 점이다. … 너에게 아버지가 자신 있게 이야기할 수 있는 것은 이 과정에서 참으로 많은 도전과 어려움이 있었지만, 그것들을 별로 고통스럽지 않게 넘어갈 수 있었던 것은 바로 아버지가 그 일을 너무나 좋아해서 선택했기 때문이란다. 나는 지금도 내가 하는 일들을 너무 좋아하고 그 일을 하고 싶어 늦잠을 자지 못한단다. 아버지가 이 자리에 오는 데 가장 크게 기여한 것이 무엇이냐고 누군가가 묻는다면 나는 주저 없이 "내가 정말로 하고 싶은 일을 했기 때문"이라고 말할 수 있단다. …

(조선일보 2003. 5. 21)

⟶ 자신이 하고 싶은 일을 택해서 노력하는 것보다 값진 것은 없습니다. 먼저 자신이 하고 싶은 일, 되고 싶은 것을 생각하고 그것을 향해 정진하십시오. 자신이 하고 싶은 일을 택하면 아무리 고생스럽다 해도 끝까지 해낼 수 있는 힘이 생깁니다. 그리고 그런 경우 목표점에 도달했을 때 느끼는 희열감도 더 큽니다.

'노르망디 상륙작전'을 감행하라

전략적인 해안교두보의 확보

▷노르망디 상륙작전의 한 장면

제 2차 세계대전이 막바지에 접어들면서 1944년 6월에 감행된 연합군의 노르망디 상륙작전 *Normandy Invasion* 은 말 그대로 '사상 최대의 작전' 이었습니다. 연합군이 프랑스 북부 해안에 상륙하여 교두보를 확보할 경우 대규모 병력이 프랑스를 지나 나치 독일의 심장부까지 진격할 수 있게 되기 때문에 이를 막으려는 롬멜 *Rommel* 장군과 어떻게든 돌진하려는 아이젠하워 *Eisenhower* 장군 사이의 작전 싸움은 그야말로 불을 뿜는 듯 치열했습니다.

6월 6일 여명, 영국기습부대가 노르망디 일대의 주요 교량을 점거하고 나치의 통신망을 두절시키는 동안 미국 낙하산부대가 상륙을 시도하면서 공격이 시작되었습니다. 연합군 공격부대는 노르망디 해안 다섯 곳에 상륙했습니다. 그 중 네 곳은 쉽게 점거했지만, '오마하 *Omaha*'에 상륙하던 연합군은 독일군의 거센 저항에 부딪혀 연합군 은 해질녘이 되어서야 5개 해안지역에서 교두보를 모두 확보할 수 있 었습니다. 이 사상 최대의 작전은 2차 대전의 승패에 쐐기를 박는 기 념비적인 성공작이 되었고, 이로써 연합군은 독일 본토로 진격하기 위한 마무리 작전에 나설 수 있었습니다.

해안교두보는 적지로 진격해 나가기 위한 발판이 되는 동시에 유사 시의 퇴로가 됩니다. 그런 만큼 전쟁에 있어서 해안교두보의 확보는 매우 중요합니다. 6·25 한국전쟁의 인천 상륙작전도 마찬가지였습니 다. 맥아더의 인천 상륙작전이 성공하지 못했다면 한국전쟁의 양상은 많이 달라졌을 겁니다. 유엔군이 파죽지세로 밀고 올라가 평양을 지 나 압록강까지 갈 수 있었던 것은 인천이라는 해안교두보를 확보했기 때문이었습니다.

그런 관점에서 볼 때 2002 월드컵 축구 4강 신화의 주역 히딩크 감 독의 행적은 모든 리더들에게 의미심장한 힌트를 주고 있습니다. 월 드컵 본선 무대에서 첫 승리를 따내기 위해, 대망의 16강에 진출하기 위해 히딩크에게도 노르망디와 같은 해안교두보가 필요했습니다. 그 는 한국 선수들에게 전·후반 90분을 100미터 경주하듯이 뛰고도 남을 만한 체력과 담력을 기르도록 주문했고, 유럽선수들과 정면충돌해도 넘어지지 않는다는 자신감이 생기게 한 다음 체코나 프랑스 같은 유 럽 강호들과 평가전을 가졌습니다. 비록 결과는 좋지 않았지만 이

셀프리더십 :
나를 나의 목적지까지 이끌어가는 에너지

평가전은 자신들의 훈련 결과를 점검해 보고, 어떤 것을 더 보완해야 하는지를 체크하는 교두보 역할을 했습니다. 이 교두보를 바탕으로 월드컵 16강, 8강, 4강이라는 최종목표를 달성할 수 있었던 것입니다.

히딩크 감독은 유럽강호들과의 평가전이라는 해안교두보를, 스티븐 스필버그 *Steven Spielberg*는 유니버셜 스튜디오라는 교두보를, 그리고 필자들은 수원·서울 비전스쿨이라는 해안교두보를 확보했습니다.

크고 멋진 업적을 남기는 리더가 되기 위해서는 효과적인 해안교두보를 마련해야 합니다. 처음부터 아무것도 없이 최종목표를 달성할 수는 없습니다. 최종목적지에 도달하기 위해서는 해안교두보라는 디딤돌이 필요합니다. 이를 발판으로 삼고 최종목적지까지 한 단계 도약하는 겁니다.

영혼 깊은 곳에 간직하고 있는 비전을 펼치기 위해, 리더로서의 본분을 다하기 위해 당신이 상륙해야 할 노르망디 해안은 어디입니까? 그곳에 상륙하기 위한 '사상 최대의 작전'을 감행하십시오. 당신이 작전을 감행할 D 데이는 언제입니까?

❧당신의 생각은?

‒ 예시를 참고하여 자신만의 문장으로 완성하십시오.

아이젠하워는 노르망디라는 해안교두보를, 스티븐 스필버그는 유니버설 스튜디오라는 교두보를, 이원설‒강헌구는 수원·서울 비전스쿨이라는 해안교두보를 확보했다.

나는 _____ (이)라는 나의 꿈을 이루기 위해 늦어도 A.D. _____ 년까지는 _____

라는 교두보를 반드시 확보할 것이다.

예1) '어떠한 형태의 불로소득도 용납되지 않는 세상을 만든다' 는 나의 꿈을 이루기 위해 늦어도 A.D.2010년까지는 경제학 박사학위라는 교두보를 반드시 확보한다.

예2) '광고의 업그레이드를 통하여 인간성을 순화한다' 는 나의 꿈을 이루기 위해 늦어도 2015년까지는 독립된 광고회사라는 교두보를 확보할 것이다.

예3) '신체적 장애가 핸디캡이 되지 않는 세상을 만드는 데 기여한다' 는 나의 꿈을 이루기 위해 늦어도 A.D.2008년까지는 사회복지사 자격증이라는 교두보를 확보할 것이다.

셀프리더십 :
나를 나의 목적지까지 이끌어가는 에너지

국내 최대의 게임업체 엔씨소프트의 김택진 사장. 1989년 한메소프트를 설립하고 '한메타자' 등을 개발했지만 일찍이 '국내용' 소프트웨어의 한계를 느끼고 게임으로 눈을 돌려 큰 성공을 거둔 그는 보유 주식이 3,000억 원 대에 이르는 자산가로도 알려져 있다. 그가 5월 13일 미국에서 개막하는 세계 최대의 게임쇼 'E3'의 엔씨소프트 참가 준비를 위해 7일 출국했다. 엔씨소프트는 이번 전시회에서 독립부스로는 최대 규모인 337평의 전시관을 마련하고 6편의 차기작을 선보인다. 출국 전 인터뷰에서 김 사장은 올해 E3쇼를 북미 시장에 성공적으로 진입하는 교두보로 삼겠다는 포부를 밝혔다. …

(한국일보 2003. 5. 12)

⋯→ 큰 꿈을 이루기 위해서는 작전이 있어야 하고, 작전의 기반이 되는 거점이 있어야 합니다. 위 기업은 세계적인 업체가 되기 위해 E3라는 게임쇼를 교두보로 삼고 있습니다. 최종목표점까지 도달하고자 하는 모든 사람은 꿈으로 향하는 효과적인 발판을 마련해야 하고, 또 그 발판을 딛고 한 걸음씩 도약할 수 있어야 합니다.

미래자서전을 출판하라

꿈을 현실로 만드는 전략 시나리오

꿈은 반드시 현실이 되지만, 저절로 되는 것은 아닙니다. 꿈을 현실로 만들기 위해서는 지속적으로 그 꿈을 가꿔나가야 하며, 꿈이 현실이 되었을 때를 쉬지 않고 시각화(Visualize)해야 합니다. 내 미래의 모습은 어떤 것일까, 내가 목표로 한 그 시점이 되면 나는 어디서 누구와 어떤 이야기를 하고 있을까를 생각하는 바로 그 과정에서 꿈을 향한 나침반이 돌아가기 시작합니다.

《혼자 도는 바람개비》라는 책을 낸 20세 청년 이승환은 그 나이에 벌써 대통령 직속 중소기업특별위원회가 주관하는 청소년 창업지원 프로그램 비즈쿨 *bizcool* 연구개발팀의 연구원으로 활동하고 있어 주위를 놀라게 하는 동시에 부러움을 사고 있습니다. 그러나 그는 결코 모범생이 아니었습니다. 오히려 사고뭉치였습니다.

중학교 2학년 때부터 소주를 마시고 담배를 피기 시작했으며 고 1 때는 선생님들에게 폭행, 폭언을 하고 자퇴를 했다가 다시 입학하는 곡절을 겪었습니다. 그러다가 결국 학생 신분으로 폭행사건에 연루되어 살인자라는 누명을 쓰고 5개월 가까이 감옥살이를 하며 재판을 받기도 했습니다.

　《혼자 도는 바람개비》는 그의 미래자서전입니다. 그런 사고뭉치가 지금과 같이 훌륭한 모습으로 변모한 것은 그가 재판을 받으면서 바로 이 미래자서전을 썼기 때문입니다. 그는 미래자서전 속에서 고 1 때 억울한 누명을 쓰고 구속되어 재판을 받게 된 경위를 다음과 같이 적고 있습니다.

　　9월 학교 축제 … 당연히 술집으로 향했다. 한참 취기가 돌 정도로 술을 마시는데 일행 중 누가 우리 학교 아이들이 다른 곳에서 뒤풀이를 하다 싸움이 나서 맞았다고 했다. 우리는 그 소리를 듣자마자 택시를 잡아타고 싸움이 났다는 곳으로 달려갔다. … 그때 내 앞을 가로막고 서 있던 한 사람이 갑자기 '퍽' 하고 쓰러지는 것이었다. 친구 녀석이 나를 도와주러 온 것이었다. 나는 그때를 놓치지 않고 나를 둘러싸고 있던 상대 얼굴에 돌려차기를 먹였다. 그리고 친구의 손에 이끌려 그곳을 빠져나오면서 선배를 구하러 다시 가려 했는데 … 어디선가 경찰차가 사이렌을 켜고 우리 뒤를 쫓았다. …
　　형사계 조사실에 앉아 날 부른 형사를 기다리며 앉아 있는데 갑자기 덩치가 큰 형사가 들어오더니 다짜고짜 내 얼굴을 주먹으로 내리치며 "이 새끼야, 니가 사람을 죽여놓고 어딜 편히 앉아 있어!" 하며 막다른 곳으로 날 몰아놓고 주먹과 발로 사정없이 내려치는 것이었다.

"고개 완전히 숙이고 엎드려서 얼굴 안 보이게 해!"

우리는 이유도 모른 채 순순히 시키는 대로 했고 그때 갑자기 문 여는 소리와 함께 사람들이 우루루 들이닥치는 소리가 들리더니 여기저기서 카메라 셔터 누르는 소리와 플래시 터지는 소리가 정신없이 들려왔다. 나는 느낌으로 그 사람들이 신문기자들이라는 것을 알았다. …

이승환의 미래자서전은 재판이 진행되는 순간부터는 미래로 넘어가는데, 그 내용을 보자면 그는 결국 무죄 석방되고 검정고시를 통해 대학에 진학한 뒤 군대를 다녀와 복학을 합니다. 대학에서는 유명한 카피라이터를 만나 그 방면의 대가가 되어 사회적 명성을 얻고, 그 후로는 종교지도자가 되어 사람들을 교화시키는 활동을 한다는 내용이 전개됩니다.[22]

그의 미래자서전이 출판된 것은 2000년 9월, 그때 그의 나이는 17세였습니다. 그가 미래자서전에 쓴 대로 그는 무죄 석방되었고 지금은 독학사 학위과정을 거쳐 대학원에까지 진학하고자 하는 계획을 착실히 진행하고 있습니다. 그에게 미래자서전을 쓰고 난 다음 어떤 변화가 있었냐고 묻자, 그는 책이라는 결과물이 나온 다음이 아니라 오히려 그것을 쓰는 과정에서 더 엄청난 내적 변화가 일어났다고 말했습니다.

"미래자서전을 써나가면서 더 큰 세상을 볼 수 있었고 더 큰 계획을 가질 수 있었습니다. 제가 나쁜 짓을 하겠다고 치밀한 계획을 세우고 계획대로 행한다면 나쁜 사람으로 성장할 것이 뻔한 것처럼, 보다 나은 훌륭한 삶을 위해 제 인생을 던지겠다는 치밀한 계획을 세우고 삶에 임한다면 계획대로 삶을 이끌어 나갈 수 있다는 확신을 가지게 되었습니다. ··· 미래자서전을 쓰는 과정에서 제 인생의 사명이 무엇인지 알게 되었고 가족과 사회, 인류를 위해 제가 어떤 존재가 되어야 하는가 하는 깊은 내면적 성찰은 지금까지 제 삶의 원동력이 되고 있습니다."

이승환은 지금도 미래자서전을 계속해서 고쳐 쓰고 있습니다. 그의 생각이 확장되고 성장하고 있는 만큼 더 성숙한 미래자서전이 쓰일 것이라고 그는 말합니다.

자서전이라고 하면 살 만큼 다 살고 나서 쓰는 글이라는 것이 하나의 상식이며 통념입니다. 그래서 아직 앞길이 창창한 사람들에게 자서전을 써 보라고 하면 자연스럽지 않다고 생각합니다. 그러나 시간이라고 하는 것이 과거—현재—미래의 순서로 흐르는 것이 아니라 그 반대로 미래—현재—과거의 순으로 흐른다고 생각해보십시오. 미래를 그리면 그것이 현재가 되고, 또 그 현재는 과거가 됩니다. 이런 관점에서 보면 미래자서전의 의미를 새롭게 받아들일 수 있을 것입니다.

셀프리더로 일어서고자 하는 사람, 마음속에 미래에 대한 열정이 가득한 사람, 마음의 시선이 사명과 목표에 집중되어 있는 사람에게 미래자서전 집필은 아주 유익한 과정이 될 것입니다. 자신이 미래에 어떻게 살고 있을지, 지금 마음에 품고 있는 것을 이룬다면 어떤 모습이 될지 생각해보십시오. 그리고 그 모습을 미래자서전에 그려보십시오. 그 모습이 언젠가는 당신의 현실이 될 것입니다.

⚞ 당신의 생각은?

－ 예시를 참고하여 자신만의 문장으로 완성하십시오.

미래자서전은 미래에 대해 진지하게 성찰한 후, 꿈을 이룬 나의 모습을 그리는 작업이다. 나는 미래에 대해 막연하게 생각만 하고 구체적으로 기술하지는 못했는데, 앞으로 ___ 일 안에 꼭 나의 미래자서전을 집필하도록 하겠다. 나는 나의 미래자서전을 _____

_____

_____

예1) 일인칭 소설 형태로 기술하되 연대기적인 서술이 아니라 내 삶에서 일어날 서너 가지 중요한 사건들을 중심으로 전개시킬 것이다.

예2) 반드시 책으로 만들어 300명 이상의 사람들에게 나누어줌으로써 그들이 모두 나의 중요한 협력자가 되게 할 것이다.

예3) 컨트리 스타일의 노래로 만들되 청년기, 장년기, 노년기를 1절, 2절, 3절의 형태로 구분하여 전개시킬 것이다.

⚞ 리더십 리포트 *Leadership Report*

2차 대전이 막바지에 이르렀을 무렵 영국군은 독일에 런던 식당 메뉴가 적힌 팸플릿을 대량 살포했다. 연합군에 포위돼 굶주린 독일인들의 사기를 꺾어놓기 위한 것이었다. 당시 독일 사람들은 전단 속의 식당 메뉴에 적힌 음식을 상상하는 것만으로도 엄청난 심적 고통을 겪었을 게 분명하다. 2차 대전 동안 연합군이 뿌린 이런 류의 선전 전단은 그 수가 80억 장에 이를 만큼 어마어마한 규모였다. …

(조선일보 2003. 3. 24)

⋯▸ 일단 문서로 작성된 것을 보면 상상하게 되고, 상상은 실로 엄청난 힘을 발휘합니다. 연합군이 음식 메뉴를 적은 팸플릿을 살포한 것도 같은 이치입니다. 미래자서전은 메뉴 팸플릿보다 훨씬 강력한 힘을 발휘합니다. 집필하는 과정에서 미래의 자기 모습을 상상하게 되고, 또 상상하는 동안 그렇게 되고자 하는 강력한 욕구가 일어나기 때문입니다.

멘토와 의논하라

믿고 따를 수 있는 사람을 찾아라

그리스 신화《오디세이아 *Odysseia*》를 보면 멘토 *Mentor* 라는 인물이 등장합니다. 트로이 전쟁 *Trojan war* 의 영웅 오디세우스 *Odysseus* 가 전선으로 떠나면서 그의 아들 텔레마코스 *Telemachos* 에게 자신이 없는 동안 무엇이든 어려운 일이 생기면 멘토와 의논하라고 지시했습니다. 그리고 자신이 가장 믿는 친구인 멘토에게 아들을 부탁했습니다. 오디세우스가 방랑 끝에 집으로 돌아오기까지는 20년이라는 세월이 걸렸습니다. 그 20년 동안 멘토는 때로는 텔레마코스의 친구, 때로는 상담자, 후견인, 안내자, 그리고 필요하면 아버지가 되어 그를 돌보고 이끌어주었습니다. 그 후부터 멘토라는 이름은 한 사람을 맡아서 그의 인생을 이끌어주는 지혜롭고 믿을 수 있는 리더라는 뜻으로 쓰이고 있습니다.

셀프리더십 :
나를 나의 목적지까지 이끌어가는 에너지

성공한 많은 리더들 뒤에는 훌륭한 멘토가 있기 마련입니다. 축구 스타 박지성, 이영표에게는 히딩크라는 멘토가 있었고 바둑 챔피언 이창호에게는 조훈현이라는 멘토가, 헬렌 켈러 *Helen Keller* 에게는 설리번 *Sullivan* 이라는 멘토가 있었습니다. 믿고 의지하고 자신에게 모델이 될 만한 사람을 찾아서 그에게 배우는 것이야말로 성공적인 셀프 리더로 성장해가는 방법 중의 하나입니다.

필자(강헌구)에게는 이 책의 공저자인 이원설이라는 멘토가 있습니다. 필자의 멘토는 내가 대학을 졸업하고 첫 직장에 취직할 때 재정보증인이 되어 주기도 했고 결혼할 때는 주례도 봐 주었고 인생의 고비마다 늘 친절한 조언을 해주었습니다. 그리고 아주 결정적일 땐 직접팔을 걷어 부치고 나서서 취직도 시켜주고 필요한 사람을 소개시켜주기도 했습니다. 지금 필자가 이 글을 쓸 수 있게 된 것도 멘토인 그의 덕택이며 《아들아, 머뭇거리기에는 인생이 너무 짧다》 시리즈의 한 꼭지 한 꼭지마다 그의 가르침이 스며 있지 않은 곳이 없습니다. 하나를 질문하면 셋을 설명해주었고 둘이 모자라 쩔쩔 매는 모습을 보이면 넷을 보태주기도 했습니다. 뭔가가 잘 안 풀릴 때 찾아가면 언제나 해답을 제시해주었고 한동안 찾아가지 않으면 무슨 일이 있는건 아닌가 걱정해주고 찾아와 격려하고 조언해주었습니다.

많은 사람이 그가 나의 멘토라는 사실, 그리고 내가 그의 멘티 *Mentee* 라는 사실을 알고 있습니다. 나의 인생 여정을 돌아보면 미련한 선택은 많았고 현명한 선택은 드물었습니다. 그 드문 선택 중 하나가 그를 나의 멘토로 정한 일입니다. 이 원고를 끝내면 멘토와 함께 여행을 하기로 했습니다. 그래서 요즘 나는 여행기간 동안 그에게 질문할 내용들을 또박또박 메모하고 있습니다.

사람이 살아가면서 존경할 만한 누군가를 갖는다는 것, 자신을 이끌어줄 만한 리더십을 가진 누군가를 만난다는 것은 참으로 중요한 일입니다. 최후의 순간에 '나'를 리드하는 것은 바로 '나' 뿐이겠지만, 답을 잃고 헤매거나 목표점까지 가는 길이 너무 험난하다고 생각할 때 옆에서 자상하게 보살펴주고 격려해주고 해답을 제시해주는 사람이 있으면 셀프리더로 가는 길이 훨씬 수월해집니다. 당신에게는 어떤 멘토가 있습니까?

✿당신의 생각은?

— 예시를 참고하여 자신만의 문장으로 완성하십시오.
멘토는 어느 한 사람을 맡아서 그의 인생을 이끌어주는 지혜롭고 믿을 수 있는 리더다. 나의 꿈을 이루기 위해서는 나에게도 멘토가 꼭 필요하다. 나는 내가 믿을 수 있는 사람, 내가 존경할 수 있을 만한 사람을 찾아 조언을 구할 것이다.

셀프리더십 :
나를 나의 목적지까지 이끌어가는 에너지

예1) 나는 세계 최고의 오페라 가수가 되고자 한다. 이 분야에서 최고라고 인정 받고 있는 조수미에게 꾸준히 편지를 써서 나의 존재를 알릴 것이고, 내가 꿈을 이루기 위해서는 어떠한 준비를 해나가야 하는지 물을 것이다.

예2) 나는 이외수의 소설을 읽고 나도 소설가가 되고 싶다는 막연한 생각으로 원고를 집필하고 있다. 그에게 메일로 내가 구상하고 있는 원고를 보내서 이에 대한 조언을 구할 것이다.

예3) 나는 어떤 문제가 발생하면 어디서부터 어떻게 해결해야 할지 몰라서 우 왕좌왕하는 경우가 많다. 내 곁에는 철학공부를 한 선생님이 있는데, 그분 에게 어떻게 하면 문제의 본질을 파악하고 차분하게 해결할 수 있는지 여 쭈어볼 것이다.

리더십 리포트 *Leadership Report*

오은주 씨(27)는 오늘 아침도 어김없이 위민넷(*www.women-net.net*) 을 방문한다. 권금옥 씨(32)로부터 기다리던 답글이 올라왔다. 전공에 관계없이 IT업체 재무관리를 맡게 된 오씨. 재무 컨설턴트인 권씨의 전문지식은 큰 도움이 된다. 권씨는 오씨의 질문에 조목조목 장문의 답글을 올린다. 재무 전문지식뿐 아니라 회사생활의 노하우, 여성으 로 겪는 고충까지 '한 사람을 위한 충고'는 끝이 없다. "일을 시작하 면서 내가 겪었던 어려움을 후배들은 조금이나마 덜 겪게 하고 싶다" 는 권씨에게 오씨는 "든든한 인생의 선배를 얻은 기분"이라고 화답한 다. 두 사람은 멘토(Mentor : 스승)와 멘티(Mentee : 제자)라는 이름의

'사이버 자매'. 한 달 전 위민넷 사이버멘토링을 통해 만난 사이다. …

(경향신문 2003.6.2)

⋯→ 인생의 고비마다, 혹은 중요한 결정을 내려야 할 때마다 어찌할 바를 몰라 고민스러
울 때 멘토는 의논 상대, 스승, 지도자가 되어줍니다. 셀프리더로 거듭나려고 하는
지금, 목적지까지 이끌고 격려해줄 사람이 있다면 가는 길이 몇 배는 더 수월해질 것
입니다. 지금 당장 멘토를 찾아 그의 멘티가 되도록 하십시오.

사방에서 "큐" 소리가 들려오게 하라

과제를 일깨우는 자극제를 활용하라

어떤 젊은이가 미국 LA로 유학을 가서 박사학위 논문을 작성하고 있었습니다. 부인과 함께 아르바이트를 하면서 고되지만 제대로 된 논문을 쓰고자 최선을 다하고 있었습니다. 그러다가 논문이 최종심사 단계에 이르렀고, 그때부터는 논문에 좀더 집중적으로 많은 시간을 할애해야 했습니다. 그러자니 생활비를 벌러 다닐 시간이 모자랐고, 아기 우유도 충분히 먹일 수 없는 지경에 이르렀습니다. 너무도 고생스러워서 '차라리 논문을 포기하고 직업전선에 뛰어들까' 하고 마음이 흔들리기도 했습니다.

바로 그때 한국에서 다녔던 대학의 지도교수로부터 전화가 걸려왔습니다. 며칠 후 LA에 갈 예정이니 만나자는 것이었습니다. 그는 공항으로 달려가 옛 스승을 안내했습니다. 교수는 그에게 몇 가지 질문을 던져보다가 주머니에서 지갑을 꺼냈습니다. 그리고 100달러짜리 지폐 두 장을 그에게 건넸습니다. 그는 거듭 사양했지만 교수가 워낙 간곡하게 받으라고 하는 바람에 감사하다는 인사를 하고 받았습니다.

집으로 돌아온 젊은이는 그 돈을 어떻게 쓸 것인가 고민하다가 마침 다림질을 하고 있던 부인과 의논했습니다. 부인은 지금 아이의 우유가 제일 급하고 그 다음은 기초적인 먹을거리라고 말했습니다. 밀린 집세도 문제고 논문에 필요한 자료를 구입하는 것도 급하기는 마찬가지였습니다. 급한 곳이 너무 많다 보니 뭐가 먼저고 뭐가 나중인지 분간도 안 될 지경이었습니다.

부부는 한동안 의견을 나누었지만 쉽게 결론이 나질 않았습니다. 그러다 부인이 조용히 일어서며 두 장의 지폐를 펴들고 유심히 들여다보더니 지폐를 다리기 시작했습니다. 지폐는 곧 새 돈처럼 빳빳해졌고, 부인은 책상 위에 있던 작은 액자 안의 그림을 빼고 그 자리에 두 장의 지폐를 넣고는 남편에게 이렇게 말했습니다.

"지금 조금 어렵다고 이 소중한 선물을 냉큼 써버릴 것이 아니라 이렇게 여기 식탁 위에 두고 식사 때마다 들여다보면서 우리를 격려해주시고 용기를 주시는 교수님의 마음을 기억하는 것이 우리에겐 더 큰 힘이 될 거예요."

부부는 그날부터 논문을 포기한다는 말을 하지 않았고, 마음이 흔들리거나 나태해질 때마다 식탁 위에 놓여진 액자를 바라보고, 교수의 미소를 떠올리며 한국에서 출발할 때의 각오를 되새기곤 했습니다. 분발에 분발을 거듭하고 힘을 합쳐 열심히 일하고 열심히 연구해서 결국에는 박사학위를 무사히 받을 수 있었으며 지금은 미국 현지에서 라디오 방송을 비롯한 왕성한 활동을 하고 있습니다. 결국 교수가 선물한 200달러는 2만 달러, 10만 달러 이상의 힘을 발휘했습니다.

셀프리더십은 자기통제, 자기관리, 자기보상, 자기처벌, 자가 동기부여와 일맥상통하는 것입니다. 목표가 확실하고 또 꼭 해내겠다고 다짐했다가도 어느 순간에는 하기 싫어지고 귀찮아지거나 실마리가 잡히지 않아 손도 댈 수 없을 때가 있습니다. 그럴 때 필요한 것이 바로 그 젊은이의 액자와 같은 물리적 힌트들이 우리를 향해 "바로 지금이야. 시작해! 액션! 큐, 큐, 큐!"를 외치게 하는 방법입니다.

글을 쓰다 보면 어느 곳에 가서는 딱 막히는 경우가 흔히 있습니다. 때로는 노트북을 아예 열어보기도 싫어지는 경우도 있습니다. 원고마감 약속날짜는 점점 다가오는데 이런저런 일상적인 일까지 계속 생기면 답답하기 짝이 없어집니다. 나는(강헌구) 그럴 땐 일단 보따리를 싸서 무작정 강원도 동해안으로 달려갑니다.

설악산 기슭에 자리를 잡아두고 바닷가로 내려가 산책을 하기도 하고 포구의 생선가게도 구경하고 어슬렁대다가 콘도로 돌아와서 싸들고 온 참고자료들을 뒤적이기 시작합니다. 한나절 이상을 그러다 보면 문득 아이디어가 떠오릅니다. 절대 보일 것 같지 않던 실마리가 눈에 보이기 시작하고 머릿속에서 어떤 문 하나가 활짝 열리는 기분이 듭니다. 그때 노트북을 열면 단숨에 줄거리를 구성할 수 있게 됩니다.

그러다 생각이 또 막히면 다시 해변이나 산기슭을 돌아다닙니다. 해변의 넘실대는 파도와 산골짜기의 향긋한 소나무 냄새가 나의 뇌를 향해 "큐" 소리를 외쳐줍니다. 그러면 소나무나 갈매기에게 강의라도 하듯이 생각나는 대로 혼자 중얼거리다가 다시 노트북 앞으로 돌아옵니다. 그러다 보면 며칠 사이에 필요한 작업의 90% 이상을 끝낼 수 있습니다. 위의 젊은이에게 "큐" 소리를 외친 것이 지도교수의 지폐였다면 내게 있어서 지폐는 자연인 셈입니다.

목표를 향해 달려가다 보면 지칠 때도 있고, 이제 그만 포기하고 싶다는 생각이 들 때도 있습니다. 그럴 때에는 눈에 잘 띄는 곳에 긴급 과제를 암시하는 그림을 붙여놓거나 바지 주머니에 손가락을 자극하는 물건을 넣고 다니면서 순간순간 목표를 생각하는 것도 하나의 방법입니다. 자동차에 시동만 걸면 "큐" 소리를 외치는 녹음테이프가 자동으로 플레이되도록 할 수도 있습니다. 같은 목표를 가지고 노력하는 사람, 강력한 리더십을 발휘하고 있는 사람과 자주 접촉하는 것도 방법입니다. 성공적으로 자신의 목적지에 도달하기 위해서는 우리를 둘러싸고 있는 모든 것들이 우리를 향해 "큐" 소리를 외치게 해야 합니다.

🎋 당신의 생각은?

  ‒ 예시를 참고하여 자신만의 문장으로 완성하십시오.

나에게는 죽기 전에 반드시 하고 싶은 일이 하나 있다. 그 일을 하기 위해서 나는 반드시 _____ 이 되어야 한다. _____ 이 되기 위해서는 너무나 할 일이 많다. 그러나 나는 너무 게으르다. 게으른 나를 깨워 일으켜 세우기 위해 나는 _____

_____

_____

_____

_____

예1) 그날그날의 할 일을 목록으로 만들어 작은 메모지에 적고 이를 주머니에
    넣고 다니면서 식사 때마다 들여다보며 이미 완료된 항목들을 지우는 습
    관을 기를 것이다.

예2) 명함의 뒷면에 나의 사명선언서를 인쇄하여 만나는 사람들에게 주면서 협
    력과 충고를 요청하는 것을 나의 트레이드마크로 삼을 것이다.

예3) 아침에 집을 나설 때 운전을 하거나 걸으면서 그날의 할 일을 휴대용 소형
    라디오에 녹음해두었다가 점심식사 후에 꺼내서 들어볼 것이다.

… "쌀알만큼 작은 꽃들도 가만히 들여다보면 꽃잎, 꽃받침, 있을 건다 있지요. 간밤에 태풍이 불어 큰 나무는 다 쓰러져도 작은 꽃들은 뽑히지 않고 살아남아 향기를 뿜습니다. 꽃이 향기롭기 위해 아픔을 겪어야 하는 것처럼 사람도 마찬가지 아닐까요. 저에게는 늘 '감성', '소녀' 하는 말이 따라다닙니다만, 낼 모레면 60인데 삶을 너무 모르는 것처럼 비쳐지는 것 아닌지 모르겠어요. 고운 향기 속에는 늘 아픔의 눈물이 들어있는 것이랍니다." …

(조선일보 2002. 5. 20)

⋯ 위 말은 이해인 수녀의 말입니다. 저 말을 보면 수녀님에게는 꽃이 '큐' 소리를 외쳐주는 것 같습니다. 꽃처럼 향기롭게, 아름답게 세상을 만들고 싶어하는 수녀님에게는 당연한 일인지도 모르겠습니다. 목표를 각성시키는 물건을 눈에 잘 띄는 곳에 두면 셀프리더십을 성공적으로 함향할 수 있습니다. 지금 당장 사방에서 '큐' 소리가 울려 퍼지게 해보십시오.

핑계보다는 기회를 찾는
사고습관을 가져라

"물론 당신들은 모두 공화당원이겠지?"

▷ 제럴드 포드

제럴드 포드 *Gerald Ford*는 제 38대 미국 대통령에 당선되었으면서도 뚜렷한 캐릭터가 부각되지 않아 국민들 사이에서 큰 인기를 얻지는 못했습니다. 케네디 *Kennedy* 같은 명문가 출신도 아니고 뭔가 뚜렷한 업적을 올린 것도 없었기 때문에 별로 기대할 것 없는 대통령이라는 비판이 제기되었습니다. 선거에 이겨 놓고도 진 것이나 다름없이 패배적인 분위기가 자꾸만 그를 괴롭혔습니다. 그런데 그가 취임 연설 서두에 다음과 같이 말하자 전국에 폭소가 터졌습니다.

"나는 링컨이 아니라 포드일 뿐이다." 23)

'포드' 와 '링컨' 은 사람 이름인 동시에 자동차 이름이기도 합니다.

그는 상류층의 승용차 링컨에 대중적 승용차 포드를 빗대어 자기는 상류층보다는 대중의 대변자라는 사실을 강조했던 것입니다. 그 절묘한 한 마디가 웃음과 함께 미국인들의 답답함을 풀어주었으며, 동시에 포드의 정치적 이미지를 쇄신시켰으며 냉랭하던 여론을 일순간에 반전시켜 놓았습니다. 제럴드 포드는 위기에서 기회를 찾아낸 것입니다.

위기에 빠졌다고 해서 낙담하거나 절망하면 아무것도 변화시킬 수 없습니다. 상황을 더욱 악화시킬 뿐입니다. 위기에 빠졌을 때 어떤 선택을 하느냐에 따라 생사가 갈릴 수도 있습니다.

> 개구리 두 마리가 서로 다른 하얀 크림 통에 빠졌습니다. 한 마리는 통이 너무 깊고 크림은 너무 미끄럽기 때문에 도저히 통에서 빠져나갈 방법이 없다는 결론을 내렸습니다. 그래서 녀석은 일찌감치 '나는 여기서 죽을 운명이었구나, 이런 통에 빠졌다면 당연히 죽을 운명인 거지' 하고 자신의 불운을 슬퍼하며 그대로 익사했습니다.
> 그러나 또 다른 통에 빠진 한 마리는 결코 죽고 싶지 않았습니다. 그래서 녀석은 크림 위에 떠 있기 위해 심하게 몸부림치며 한 순간도 멈추지 않고 헤엄을 쳤습니다. 몇 시간 후, 녀석의 몸부림 때문에 크림은 버터가 되어 버렸고 녀석은 버터 위에 앉아 휴식을 취한 후 무사히 크림 통을 빠져 나올 수 있었습니다.[24]

로널드 레이건Ronald Reagan이 대통령 재직시절 괴한으로부터 총격을 받고 수술대 위에 눕게 된 일이 있었습니다. 미국 국민들은 자신들의 리더를 잃게 될까봐 초조했습니다. 그러나 수술이 시작되기 전 의사가 "각하, 이제 수술을 시작하겠습니다"라고 말하자 레이건이 의

▷로널드 레이건

사들을 쳐다보며 물었습니다. "물론 당신들은 모두 공화당원이겠지요?" 이 말을 들은 주치의가 빙그레 웃으며 대답했습니다. "친애하는 대통령 각하, 우리는 최소한 오늘만은 전부 공화당원입니다."

레이건은 수술 후에도 계속해서 비슷한 유머를 쏟아냈습니다. 간호원들에게 둘러싸여서는 "내가 미인들과 이러고 있는 것을 낸시 Nancy도 알까?"라고 말했고, 부인 낸시에게는 "여보, 내가 머리 숙이는 것을 깜빡해서 미안하오"라고 말했습니다. 그런가 하면, 딸에게는 "내가 제일 아끼는 양복을 버리게 돼서 아빠 무척 속상하단다" 하고 말했습니다. 그가 쏟아낸 말들은 속속 신문과 방송에 대서특필되었고 그 한 마디 한 마디가 전해질 때마다 국민들은 미소를 지으며 안심하게 되었습니다.

레이건의 '병상유머'는 자기를 아껴주는 사람들에게 동정심을 얻기 위해서가 아니라 냉담한 방관자들과 반대파를 의식하면서 한 말이었습니다. 이는 반대파를 향한 인간적 호소였고 그의 이런 긍정적 사고방식은 방관자와 반대파까지도 그에게 호감을 갖게 만들었습니다. 저격사건으로 인해 레이건의 인기는 부쩍 더 올라갔고 그는 연속적으로 정치적 승리를 거두었습니다.[25]

생각하는 방식도 습관입니다. 이 습관에는 두 가지 타입이 있는데, 기회를 찾는 사고습관과 평계를 찾는 사고습관이 그것입니다. 성공적인 셀프리더는 어떤 상황에 직면하더라도 거기서 주저앉을 평계거리를 찾지 않습니다. 남을 탓하면서 상황을 비관하지도 않습니다. 오히려 위기에서 기회를 찾는 사고습관을 보여줍니다. 크림을 버터로 만든 개구리, "나는 링컨이 아니고 포드일 뿐"이라고 외친 포드, 그리고 '병상유머' 시리즈로 순식간에 정치적 영향력을 강화한 레이건은 아주 전형적인 기회탐색적 사고습관의 소유자들입니다. 어떤 식으로 생각할지는 당신의 선택입니다. 그렇지만 핑계가 아니라 기회를 찾는 사고습관으로 무장해야 진정한 셀프리더가 될 수 있다는 것은 꼭 기억해야 합니다.

✣ 당신의 생각은?

— 예시를 참고하여 자신만의 문장으로 완성하십시오.

살다 보면 환경의 변화 때문에, 혹은 나 자신의 실수로 인해 위기에 빠지는 경우가 있을 것이다. 중요한 것은 위기를 기회로 변화시키고자 하는 의지이다. 위기를 맞았을 때 나는 _____

_____

_____

_____

_____

예1) 최악의 시나리오를 왼쪽에 나열하고 최선의 시나리오를 오른쪽에 나열해 놓는 식으로 대차대조표를 작성하고 최선의 시나리오에 초점을 맞추고 움직일 것이다.

셀프리더십 :
나를 나의 목적지까지 이끌어가는 에너지

예2) 먼저 위기의 원인을 20가지 이상 적어놓고 가장 중요성이 낮은 것부터 하나씩 지우고 마지막에 3개의 중요 요인을 남긴다. 이 3가지 요소를 제거하는 데에 사력을 다할 것이다.

예3) 레이건이나 포드처럼 위기 그 자체를 기회로 활용할 수 있는 아이디어를 찾는 데 집중할 것이다.

리더십 리포트 *Leadership Report*

… 지혜는 '문제 속에서 비전을 볼 수 있는 안목' 입니다. 복잡한 문제 속에서도, 어려움과 고난 가운데서도 실망하지 않는 것은 거기에 하나님의 뜻이 있다는 것을 알기 때문입니다. 또 지혜는 '위기를 기회로 만드는 순발력' 입니다. 지혜로운 자는 인생의 위기를 전화위복시켜 언제나 형통한 삶을 누립니다. …

(국민일보 2003. 5. 17)

⋯▸ 조금 힘들다고, 극복할 수 없는 난관을 만났다고 금세 꿈을 포기하고 자신의 목표를 포기하는 사람은 셀프리더가 될 수 없습니다. 셀프리더는 위기를 기회로 만드는 지혜로운 사람입니다. 어려운 일이 생기면 쉽게 포기하거나, 남에게 그 원인을 돌리는 식으로 생각하고 행동했다면 이제부터라도 위기에서 기회를 찾아보려는 사고패턴을 갖도록 노력하십시오.

즐길 수 없다면
차라리 하지 마라

어제도 즐기고, 오늘도 즐기고, 내일도 또⋯

알렉산더 *Alexander* 대왕이 지혜를 얻기 위해 디오게네스 *Diogenes* 를 찾아왔습니다. 디오게네스가 알렉산더에게 지금 가장 중요한 목표가 무엇이냐고 물었습니다. 알렉산더는 그리스를 정복하는 것이라고 대답했습니다. 그러자 디오게네스가 다시 물었습니다. 그리스를 정복한 다음에는 무엇을 할 것이냐고. 알렉산더는 아시아를 정복할 것이라고 대답했습니다. 디오게네스는 그 다음에는 또 무엇을 할 것이냐고 물었습니다. 이에 알렉산더는 세계를 정복할 것이라고 대답했습니다. 세계를 정복한 그 다음에는? 알렉산더는 그 다음에는 휴식을 취하며 즐길 작정이라고 대답했습니다. 그 대답을 듣자 디오게네스는 이렇게 되물었습니다. "세계를 정복하지 말고 바로 휴식을 취하고 즐기면 아무런 고통도 받지 않고 궁극의 목표를 달성할 수 있지 않소?"

세상에는 자신의 목표지점에 이르는 길이 너무나 어렵고 아득하다고 생각하는 사람이 많습니다. 그래서 끝까지 참으면서 언젠가는 그 목표지점에 이르러 그동안 누리지 못했던 것들을 누리며 즐기리라고 다짐하면서 안간힘을 씁니다. 그러나 그런 생각은 잘못된 것입니다. 그러다 보면 목표지점은 점점 더 멀어지고 나중엔 끝이 어딘지 잘 보이지도 않게 됩니다.

참고 또 참으며 그 먼 훗날의 즐거움을 위해 매일매일 고통스럽게 자기를 이끌어가는 것은 오히려 실패하는 지름길입니다. 중도에 포기하지 않고 자기의 목표지점에 무사히 도착하기 위해서는 매일의 여정이 희락喜樂으로 넘쳐야 합니다. 희락이란, 무엇인가를 이루기 위해 어려운 일들을 해낸 다음에 찾아오는 감정이 아닙니다. 희락은 목표지점을 향해 가고 있는 바로 지금의 생활에서 우러나오는 감정입니다. 목표지점으로 가는 과정 자체에서 즐거움과 행복을 느끼지 못한다면 결코 그곳에 이를 수 없습니다. 과정을 즐기는 법을 배워야 합니다. 꿈꾸고, 설계하고, 행동으로 옮기고, 피드백을 하는 그 모든 일련의 활동들이 즐거운 놀이가 되어야 합니다.

필자들은 1년에 100회 이상의 대중강연, 라디오, TV 강의를 합니다. 이 활동으로 물론 돈도 벌지만 그 일을 하는 진짜 이유는 우리들의 최종목표, A.D.2010년까지 전세계에 100개의 비전스쿨을 설립하기 위해서입니다. 그렇지만 그보다 중요한 것은 필자들이 강연 자체를 즐긴다는 사실입니다. 강의를 듣는 청중들의 눈빛과 목소리가 달라지는 것을 보는 환희란 말로는 어떻게 표현할 수가 없습니다. 하면

할수록 더 즐겁고 감당하기 힘들 정도로 벅찬 보람을 느낍니다. 그래서 강의 하나를 마치면 또 하고 싶다는 생각이 듭니다. 너무 열정적으로 소리치다 보면 목이 붓고 턱 근육이 말을 듣지 않을 때도 있고 지쳐서 입원할 때도 있습니다. 그러나 강연이 끝나고 청중들로부터 감사의 편지나 전화를 받을 때의 기쁨은 이루 형용할 수 없을 정도입니다.

강연을 준비하기 위해서는 수많은 책을 읽어야 하고 다른 사람의 강의도 들어야 합니다. 시청각자료도 준비해야 하고 어떤 때는 효과적으로 강의 내용을 전달하기 위해 연기(?) 연습도 해야 합니다. 이는 무척 고단한 일입니다. 그러나 그렇게 준비하는 과정에서부터 가슴이 터질 듯이 벅차오릅니다. 뜨거운 박수소리가 귀에 쟁쟁하고 사인을 부탁하며 악수를 청하는 손들의 따스함이 온 몸으로 퍼집니다. 그래서 필자들에게는 강연보다, 강연준비보다 더 재미있는 놀이는 이 세상에 없는 것 같습니다.

처음에는 작은 갈채에 마음이 들뜨고 그 재미로 강연을 한 적도 있습니다. 그러나 시간이 지날수록 남들의 반응보다는 사람들이 잊어버렸던 자신의 비전을 되찾고 전혀 새로운 삶을 살기 시작하는 모습을 마음에 더욱 담아두게 되었습니다. 누가 뭐라 하건 세상에서 가장 값진 일을 하고 있다는 자긍심 때문에 더욱 그 일에 몰입하게 되었습니다.

그토록 극치의 즐거움 속에서만 시간을 보내면 뭔가 잘못되고 문제가 생겨야 하는 것인데 오히려 매사가 더 잘되기만 합니다. 어제도 즐기고, 오늘도 즐기고, 내일도 또…. 이렇게 즐기기만 하는데 어느덧 여기저기에 비전스쿨이 설립되었다고 하는 결과를 접하다 보면 춤추고

셀프리더십 :
나를 나의 목적지까지 이끌어가는 에너지

노래하고 손뼉치고 싶은 충동이 일어나 도저히 억제할 수가 없습니다. 일 자체가 자기통제와 목적의식을 확인시키면서 우리를 목표지점으로 이끌어줍니다.

> 세 사람의 장인이 나란히 앉아 같은 도구를 사용하여 똑같은 물건을 만들고 있었습니다.
> 첫번째 사람은 햇볕이 너무 뜨겁고 도구가 낡아서 팔이 몹시 아프다고 생각했습니다. 그는 눈살을 찌푸리고 툴툴거리며 일을 하고 있었습니다.
> 두번째 사람은 봉급날 받을 급여와 그의 솜씨에 대해 창찬받을 일과 언젠가는 십장으로 승진할 것을 생각하며 일하고 있었습니다. 그는 자신의 일에 대해 그다지 많이 생각하지 않았고 오로지 더 나은 미래에 대해서만 생각하고 있었습니다.
> 세번째 사람은 그가 들이마시는 신선하고 깨끗한 공기와, 도구를 사용할 때마다 느껴지는 팔의 힘과 세기, 그리고 자신의 손으로 만들고 있는 물건의 정교한 모양새에 감탄하며 일을 하고 있었습니다. 그는 전혀 일을 하고 있는 것이 아니었기 때문에 얼굴에 웃음이 가득했습니다.[26]

위 세 사람 중 어떤 사람이 자신의 궁극적인 목표지점에 도달하리라고 생각합니까? 불평불만만 늘어놓는 사람? 장밋빛 미래를 꿈꾸기만 하고 노력하지는 않는 사람? 혹은 과정 자체를 즐기면서 일하는 사람? 목표를 설정하고 부단히 노력하는 것도 중요하지만 그것만큼이나 중요한 것은 바로 목표로 향하는 과정을 즐기는 것입니다.

✺당신의 생각은?

— 예시를 참고하여 자신만의 문장으로 완성하십시오.

어차피 피할 수 없고 반드시 해야 하는 일이라면 그 일을 하는 순간에 즐거움을 느낄 수 있어야 한다. 즐겁지 못한 일을 해서 보람을 찾기란 백사장에서 바늘을 찾는 것이나 마찬가지다. 내가 하는 모든 일에서 즐거움을 누리기 위해 나는＿＿＿＿＿＿＿＿＿＿＿＿＿＿＿＿＿

＿＿＿＿＿＿＿＿＿＿＿＿＿＿＿＿＿＿＿＿＿＿＿＿＿＿＿＿＿＿＿＿＿

＿＿＿＿＿＿＿＿＿＿＿＿＿＿＿＿＿＿＿＿＿＿＿＿＿＿＿＿＿＿＿＿＿

예1) 그 일이 나의 육체에 주는 즐거움, 감정에 주는 즐거움, 가치관이나 자아 실현에 도움을 주는 측면 등으로 세부적으로 나누어서 생각한다.

예2) 처음에 목표로 했던 양을 다 채우거나 만족할 만한 수준에 도달하면 스스로 나를 위한 선물을 주거나 친구들을 초대하여 파티를 연다.

예3) 그 일이 싫은 이유나 어려운 점이 생각나도 입으로는 절대 말하지 않는다.

✺리더십 리포트 *Leadership Report*

… 히딩크 감독이 한국 선수들에게 가져다준 가장 큰 선물은 바로 이 같은 즐거움이다. 그는 끊임없이 선수들에게 "즐겁게 하라"는 주문을 한다. 훈련할 때도 그렇고 경기장에 들어서기 전에도 마찬가지다. 훈 련과정 역시 즐겁고 재미가 있다. … 종전 혹독하게 몰아치기만 하는

셀프리더십 :
나를 나의 목적지까지 이끌어가는 에너지

'스파르타식 지도자'에 길들여져 있던 선수들은 히딩크 감독을 만나면서 비로소 '즐기는 축구'에 눈을 뜨게 됐고 이는 경기력으로 연결됐다. …

(동아일보 2002.6.26)

⟶ 과정을 즐길 수 없다면 끝까지 도달할 수 없습니다. 자신의 목표점은 분명한데 그 과정이 전혀 즐겁지 않다면, 뭔가 잘못된 것입니다. 그렇다면 목표점까지 가는 방식, 혹은 목표 자체가 잘못된 것일 수도 있습니다. 지금 목표점까지 가는 길이 즐겁지 않다면 무엇이 잘못되었는지를 찬찬히 점검해봐야 합니다.

일단 목표를 정했으면
확 저질러라

문제는 자신감이다

어떤 여성이 많은 계약금을 받고 난생 처음으로 책을 쓰기로 했습니다. 그녀는 리더십 세미나와 방송 분야에서 상당한 명성을 얻고 있었기 때문에 그 분야에는 어느 정도 자신감을 가지고 있었지만, 책을 쓰는 일은 처음이었기 때문에 걱정이 되어 잠을 이루지 못할 지경이었습니다.

"그래, 방송이나 세미나라면 얼마든지 좋아. 그런데 좋은 책을 쓰려면 어떻게 해야 하지? 어디서부터 시작해야 하는 거지? 마지막은 어떻게 장식하지? 출판사에서 딱지를 맞으면 어떻게 하지? 이러다가 아주 망하는 거 아닐까?"

걱정이 꼬리에 꼬리를 물고 이어졌고 그럴수록 자신감은 점점 없어졌습니다. 그녀가 가지고 있던 명강사로서의 자신감도 새로운 일에 대한 두려움을 물리치는 데에는 아무런 도움이 되지 않았습니다. 그녀는 왜 그토록 책을 집필하는 것을 두려워했을까? 단지 책을 써본 경험이 없었기 때문만은 아닙니다.

그녀는 세미나와 방송에 대한 자신감은 있었지만 '진정한 자신감'이 없었습니다. 그녀가 '세미나는 자신 있는데 책을 쓰는 것은 자신 없다' 라는 식으로 말하는 건 자신감이 뭔지 모른다는 고백이나 마찬가지입니다. 그녀는 그런 사실을 두번째 책을 쓰기 시작하면서 비로소 깨달았습니다.

두번째 책을 시작할 때 그녀는 첫번째 책이 이미 베스트셀러가 되어 있으니까 더 이상 두려울 게 없을 거라고 생각했습니다. 그러나 막상 쓰려고 보니 그렇지가 않더라는 것입니다. 그녀는 또 다시 두려움에 빠졌습니다. "그래, 먼저 번 책은 그런 대로 괜찮았지. 하지만 그게 이번 책과 무슨 상관이지? 내 책이니까 사람들이 다 좋게 봐줄 거라고? 천만에! 이번에 쓸 책은 주제부터가 너무 딱딱해. 그러니 더 어려울 수밖에. 어떻게 하지? 그러나 포기할 수는 없지!"

이미 베스트셀러를 낸 실적이 있다거나, 인기절정의 유능한 강사·잘 알려진 방송진행자라는 자부심은 그녀에게 행복감을 주기는 했지만 두번째 책에 대한 자신감을 주지는 못했습니다. 자기에겐 훌륭한 책을 쓸 능력이 충분히 있다는 자각도 그녀에게 진정한 자신감을 주지는 못했습니다.

그런데 이런 두려움과 망설임을 이기고 일단 눈을 질끈 감고 일을 확 저지르고 보니까 자신감이 생기더라는 것입니다. 일단 컴퓨터 앞에 앉아서 글을 써서 출력해보고, 마음에 안 들면 찢어버리고, 마음에

들 때까지 계속 다시 써서 그것을 사람들에게 보여주고 반응이 신통치 않으면 남몰래 눈물을 삼키고 또 처음부터 다시 시작해서 마침내 마무리하는 과정, 바로 그 과정에서 자신감이 생겼다고 합니다. 그녀는 글쓰기에 자신감이 생긴 것이 아니라 어떤 일이든지 일단 도전해 보고 부족한 것이 있으면 보완하고 다듬어서 결국에는 제대로 해내는 것에 자신감이 생겼다고 합니다.

따라서 그녀는 이제 수영 · 골프 · 연기 · 그림 · 노래 · 춤 · 선거 · 광고 · 컴퓨터 · 창업 등 그 어떤 일에라도 다 자신감을 가지게 된 것입니다. 진정한 자신감은 외적인 성취여부와는 관계가 없습니다. 무엇을 해냈다고 해서 자신감이 생기지는 않습니다. 내가 원하는 것은 무엇이든지 해낼 수 있다는 믿음, 자기자신이 옳은 선택을 할 것이라는 흔들리지 않는 기대감이야말로 진정한 자신감입니다.

진정한 자신감이 생기기 전, 그녀는 자신이 개최하는 세미나에 5백 명 이상이 몰려들면 자신감에 넘치다가도 70명도 안 모이면 풀죽은 모습이 되었습니다. 자기가 쓴 책이 지난주 베스트셀러 순위에 올라 있으면 자신감에 넘치다가 다음주에 순위에서 밀려나면 그렇게 넘치던 자신감이 바로 연기처럼 사라지곤 했습니다. 뭔가 잘되면 힘이 넘치다가 뜻대로 안되면 꼬리를 감추는 그런 것은 자신감이 아닙니다.

자신감은 자기의 어떤 능력에 대한 믿음이 아닙니다. 그것은 자기와의 약속입니다. '내가 무엇을 바라는지 솔직하겠다는 약속, 그리고 그 소원을 이루기 위해 필요한 일을 하겠다는 약속, 그리고 그 일을 결국에 해낼 것이라는 나 자신과의 약속'이 바로 진정한 자신감의 원천

입니다.[27)]

진실하지 못한 사람은 진정한 자신감을 가질 수 없습니다. 또한, 무엇이 무엇보다 더 중요하다는 흔들리지 않는 가치관이 없는 사람도 진정한 자신감을 가질 수 없습니다. 진실하지 못하면 누군가가 뒷덜미를 잡아당기는 기분이 듭니다. 자신의 가치관에 확신이 없으면 머뭇거리고 갈팡질팡하는 모습이 됩니다.

"난 그냥 이대로 살 거야. 무슨 뜬 구름 잡는 비전이니 리더십이니 가지고 와서 나 좀 귀찮게 하지 마. 난 리더도 아니고 성공도 원하지 않아. 너나 잘해"라고 하는 사람들은 자신감이 없기 때문에 그렇게 말하는 것입니다. 자신감은 리더십의 출발점입니다. 진정한 자신감이 없으면 성공적인 셀프리더가 될 수 없습니다. 결코 꿈을 현실로 만들 수도 없습니다. 실패가 클수록 성공도 커집니다. 도전하지 않고 움츠리고 있는 한 자신감은 절대 생기지 않습니다.

가치 있는 목표를 정했다면 확 저질러야 합니다. 수영에 자신이 없으면 물 속에 뛰어들고, 영어에 자신이 없으면 외국인과 식사약속을 하고, 말하는 것에 자신이 없으면 토론장에서 손을 들어 발언권을 얻어야 합니다. 예정된 실패를 견뎌내야 합니다. 그 실패의 다리를 넘어 기어이 해냈다는 성취감을 느낄 때 자신감은 생깁니다. 다음엔 더 잘할 수 있다고, 안심하라고 자신에게 말하면 자신감이 생길 것입니다. 두렵다면서 웅크리고 있는 대신 일단 딱 세 번만 시도해보면 어느덧 성공적으로 자기를 리드하고 있는 자신을 발견하게 될 것입니다.

당신의 생각은?

– 예시를 참고하여 자신만의 문장으로 완성하십시오.

모든 두려움은 무지와 무경험에서 비롯되는 것이다. 모르면 두려움이 커지고 두려운 것은 시도해볼 엄두도 안 내기 때문에 계속 그 상태에서 벗어날 수가 없게 된다. 즉 무지와 두려움은 상승작용을 하는 것이다. 그러나 실패를 각오하고 도전해보면 모르는 사이 자신감이 생기기 마련이다. 나는 진정한 자신감을 기르기 위해서 ＿＿＿＿＿＿

＿＿＿＿＿＿＿＿＿＿＿＿＿＿＿＿＿＿＿＿＿＿＿＿＿＿＿＿＿＿＿＿

＿＿＿＿＿＿＿＿＿＿＿＿＿＿＿＿＿＿＿＿＿＿＿＿＿＿＿＿＿＿＿＿

예1) 처음 배우는 노래일수록 더 큰 소리로 불러보고 처음 먹어보는 음식일수록 입을 더 크게 벌리고 한 입 가득히 털어 넣는 스타일을 취한다.

예2) 아무리 생소한 일을 맡게 되더라도 그 일의 본질과 맥락, 그리고 요구되는 최종결과가 무엇인지에 집중함으로써 불필요한 걱정이 끼어들 틈을 주지 않는다.

예3) 나는 정말 본문에 언급된 대로 수영에 자신이 없으면 물 속에 뛰어들고, 영어에 자신이 없으면 외국인과 식사약속을 하고, 연설에 자신이 없으면 손을 들어 발언권을 신청한다.

리더십 리포트 *Leadership Report*

"자신감이 있으면 신체적 장애는 작은 불편에 불과합니다." 충북 청원
군 남이면 청주혜화학교 고등부 1학년에 재학중인 손유리양(17). 손양
은 휠체어에 의지해야만 몸을 움직일 수 있는 1급 지체장애인이지만 컴
퓨터, 글짓기, 노래 등 못하는 게 없는 '만능 소녀'다. … 유달리 호기심
이 많아 발명에도 관심이 높은 손양은 초등학교 2학년 때 휠체어를 들
어올리는 장치(버스장착용)를 발명해 국무총리상을 받는 등 지금까지 6
차례에 걸쳐 각종 발명상을 받았다. … "쾌활하고 낙천적인 성격의 유
리는 친구들의 '리더' 역할을 하고 있으며 같은 처지에 있는 장애아들
에게 '나도 할 수 있다'라는 동기를 부여하고 있다"고 말했다. …

(동아일보 2002.11.30)

⋯▶ 문제는 자신감입니다. 뭐든 시작만 하면 잘할 수 있다는 자신감만 있다면 어떤 것도
장애가 될 수 없습니다. 지금 두려운 마음에 시작도 하지 못하고 있다면, 일단 저지
르십시오. 그런 다음 시행착오가 있다면 다시 수정하면 됩니다. 되든 안 되든 일단
열심히 해보겠다는 마음가짐, 실패하더라도 좌절하지 않고 끝까지 해내겠다는 마음
가짐, 그게 바로 자신감입니다.

4

슈퍼리더십
모두와 더불어 꿈을 현실로 만드는 슬기

먼저 팀을 살려라 | 함께 다니며 보여주어라 | 윗자리보다는 아랫자리를 잡아라 | 사명과 역할을 알려주는 꿈이름을 불러주어라 | 진심 어린 따뜻한 배려를 보여주어라 | 영웅이 되기보다는 영웅 메이커가 되어라 | 한 사람을 제대로 끝까지 리드하라 | 뒤에서 이끄는 리더가 되라 | 새처럼 먹고 코끼리처럼 쏟아내라 | Dash & Withdraw : 거리와 강약을 적절히 조절하라 | 보살피고 격려하라 | 끝까지 포기하지 않는 멘토가 되어라

'리더'라는 말을 들으면 백색 준마에 높이 올라앉아서 산천이 쩡쩡 울리도록 "나를 따르라"라고 외치는 사람이 연상됩니다. 리더라고 하면 연개소문, 나폴레옹 *Napoléon*, 이순신, 처칠 *Churchill*, 그리고 왕건과 같은 영웅들의 모습이 머릿속을 스쳐갑니다. 그들의 공통점은 출중한 능력과 권위와 강력한 카리스마를 갖추었다는 점입니다. 확실히 지난 세기까지는 이것이 리더의 모습이었습니다. 이런 전통적인 리더들은 모두 두드러진 업적을 갖고 있습니다. 자기 분야에서의 탁월성, 그리고 권위와 카리스마라는 자극으로 사람들에게 영향력을 행사함으로써 결과적으로는 자기 업적을 남겼습니다.

그러나 21세기 리더의 모습은 달라지고 있습니다. 고도로 정보화된 조직사회는 카리스마 같은 것으로 다른 사람을 자극하지 않으며 업적도 자기의 것으로 만들지 않는 리더를 요구합니다. 21세기의 리더는 다른 사람들이 업적을 올릴 수 있도록 이끌어줍니다. 그 자신이 영웅이 되는 것이 아니라 영웅을 만들어냅니다.

자기를 자기 힘으로 자기가 바라는 곳까지 이끌어가는 힘을 보여주는 사람을 우리는 셀프리더라고 부릅니다. 거기서 한 걸음 더 나아가서 공유된 비전을 갖고 같은 길을 가는 사람들 또한 성공적인 셀프리더로 육성하는 사람을 슈퍼리더라고 부릅니다.

진정한 리더십은 외부에서 주입되는 것이 아니고 내부에서 우러나는 것입니다. 외부자극은 최상의 경우에는 잠재적 능력에 불을 붙이고 그 불꽃이 계속 타오를 수 있도록 여건을 조성해주지만, 최악일 경우엔 상대방의 내면세계를 교란시켜서 재기불능의 상태로 몰고 갑니다. 새로운 시대의 새 리더는 팀 동료들 내부에 잠자고 있는 리더십의 씨눈을 싹트게 하고 쑥쑥 자라게 하는 사람입니다.

팀원들이 무조건 자기 뜻을 잘 따르게 하는 사람이 훌륭한 리더가 아닙니다. 팀원들 각자가 자신의 목적지에 이를 수 있도록 안내함으로써 공동체에 대한 그들 각자의 공헌을 극대화시키는 사람이 훌륭한 리더입니다. 타인으로 하여금 그들 자신을 온전히 리드할 수 있게 이끌어주는 사람이야말로 새 시대의 리더, 슈퍼리더입니다.

슈퍼리더는 세상의 무거운 짐을 혼자 걸머지지 않습니다. 타인과 나누어 함께 집니다. 짐을 나누어 함께 지는 팀원들 모두가 셀프리더, 나아가 슈퍼리더가 되게 하는 리더가 바로 새 리더입니다.

노자가 남긴 다음의 말은 많은 사람들과 더불어 꿈을 현실로 만들고자 하는 사람들, 슈퍼리더가 되고자 하는 사람들에게 아주 중요한 교훈을 던져 줍니다.

> 탁월한 리더는 있는 듯 없는 듯 있는 사람
> 보통의 리더는 사람들이 갈채하며 따르는 사람
> 최악의 리더는 사람들에게 손가락질 받는 사람
> 최상의 리더는 말을 최소한으로 하고
> 과업이 완성되어 큰 목적이 달성되었을 때
> 사람들의 입에서 '우리가 스스로 해냈다' 라는 말이 나오게 하는 사람

❧ ❧ ❧

먼저 팀을 살려라

슈퍼리더는 자신보다는 팀 전체를 생각한다

겨울이 다가오면서 오리 두 마리가 추위를 피해 남쪽 나라를 향해 여행하려 하고 있었습니다. 그때 개구리 한 마리가 달려와서 자기도 데려가 달라고 말했고, 오리들은 방법만 있으면 데리고 가겠다고 했습니다. 개구리는 그 말을 듣고 연못가의 풀을 뽑아 줄기를 기다랗게 만들어서 양끝을 거위들에게 물리고, 자기는 줄기 가운데를 입으로 물고 매달렸습니다. 이렇게 그 셋은 함께 여행을 떠났습니다.

어느 정도나 여행을 했을까, 일행은 어떤 마을 위를 지나가고 있었습니다. 마침 그 아래를 지나가던 사람들이 무심코 고개를 들어 하늘을 바라보다가 오리들과 함께 하늘 높이 날고 있는 개구리를 발견했습니다. '하늘을 나는 개구리', 이 기상천외한 광경에 사람들은 그만 입이 딱 벌어지고 말았고 순식간에 몰려든 사람들은 하늘을 쳐다보면서 왁자지껄 떠들어댔습니다.

"허, 거 참…. 누가 생각해냈는지 아주 기발하구만."

"오리도 머리가 꽤 좋은 모양이야."

"개구리의 아이디어일까?"

"어떻게 그런 생각을 해냈을까?"

그때 허영심에 들뜬 개구리는 사람들의 말을 듣고 으쓱해져서 자기도 모르게 입을 벌리고 떠벌렸습니다.

"나야, 나. 그건 내 아이디어야."

그 순간 개구리는 그만 물고 있던 줄기를 놓치고 바닥으로 떨어져 온 몸이 산산조각 나고 말았습니다.[28]

처음에 개구리는 오리들과 함께 하늘을 날아 여행하고 싶다는 꿈을 꾸었지만, 결국에는 자만심 때문에 목숨을 잃고 맙니다. 자기보다 오리들이 잘나 보이는 것을 참지 못했기 때문에 개구리는 원래의 목표를 달성할 수 없었을 뿐 아니라 결국은 죽고 말았습니다. 팀을 구성하고 있는 멤버 중 하나인 리더가 팀의 성공보다 자기의 이익에만 집중하고 자기의 점수나 인기, 혹은 실속만 차리려 하다보면 팀은 물론이고 리더 자신도 함께 망하고 맙니다.

특히 팀 내에서 다른 사람이 하기 싫어하는 궂은일, 성가신 일을 도맡아 하면서 팀에 현저한 공헌을 하고 있을 때일수록 입을 다물어야 합니다. 어떤 일이 잘되고 있을 때, 그리고 그것이 자기의 재능이나 노력 때문이라는 것을 자타가 공인하는 분위기일수록 자신의 공을 내세울 것이 아니라 그저 속으로 싱긋 웃고 넘어가는 것이 필요합니다.

자신이 속한 단체를 돋보이게 하기 위해 자신을 드러내지 않는 것으로는 단연 일본인들이 최고라는 이야기가 있습니다. 일본의 어떤 도시에서 여러 은행 관계자들이 한자리에 모이는 회합이 있었다고 합니다. 참석자들이 돌아가면서 자기소개를 하는데 모두가 "A은행입니다", "S은행입니다"라는 식으로 은행 이름만 댈 뿐 자기 이름은 말하지 않더라는 것입니다. 팀이 먼저고, 또 팀 이름이면 충분하다는 것입니다. 이는 팀보다는 '나'를 내세운 개구리와는 극명한 대조를 이루는 장면입니다.

셀프리더들을 리드하는 리더, 슈퍼리더는 자기가 영웅이 되려 하기보다는 다른 사람을 영웅으로 만들고자 노력합니다. 자신의 성과를 드러내어 자랑하려는 사람, 다른 사람이 칭송하여 자기를 우러러봐 주기를 기대하는 사람은 슈퍼리더가 될 수 없습니다. 자신의 능력이나 업적을 드러내지 않고 그 성과를 팀으로 돌리는 사람이 진정한 슈퍼리더입니다.

당신의 생각은?

— 예시를 참고하여 자신만의 문장으로 완성하십시오.

내가 아무리 잘난 투수·스트라이커·슈터라고 해도 팀이 우승하지 못하면 MVP가 될 수 없다. 승리하기 위해서는 나보다 팀을 먼저 생각해야 한다. 언제나 팀워크를 살려내는 불씨가 되기 위해ㅡㅡㅡㅡ

ㅡㅡㅡㅡㅡㅡㅡㅡㅡㅡㅡㅡㅡㅡㅡㅡㅡㅡㅡㅡㅡㅡㅡㅡㅡㅡ

ㅡㅡㅡㅡㅡㅡㅡㅡㅡㅡㅡㅡㅡㅡㅡㅡㅡㅡㅡㅡㅡㅡㅡㅡㅡㅡ

ㅡㅡㅡㅡㅡㅡㅡㅡㅡㅡㅡㅡㅡㅡㅡㅡㅡㅡㅡㅡㅡㅡㅡㅡㅡㅡ

예1) 연극부원인 나는 지난 번 정기공연 때 많은 공을 세웠지만 나의 공을 내세우지 않고 겸손하게 행동한 적이 있다. 나는 드러나지 않는 곳에서 구성원 전체를 위해서 일을 한 후 스스로 느꼈던 대견함이나 자긍심을 회상하면서 앞으로 그런 면을 더욱 강화시켜 나갈 것이다.

예2) 우리 팀이 사내에서 세일즈 상을 받을 때 나는 팀장으로서 대표로 단상에 올라가게 되어 있었지만 팀원들을 모두 단상으로 올라오게 해서 기쁨을 함께 나누었다. 그때의 벅찬 가슴을 기억하면서 앞으로도 나보다는 팀의 성공, 팀원 모두의 보람에 더 역점을 둘 작정이다.

예2) 나는 2학년 3반 축구부 주장으로서 모든 사람이 최상의 컨디션을 발휘할 수 있도록 만드느라 고생한 적이 있다. 그러나 교내 축구대회에서 우승했을 때, 모든 공을 내가 아닌 부원들과 응원단원들에게 돌렸다. 그때의 그 뿌듯함을 앞으로도 간직하면서 살아가겠다.

🎀 리더십 리포트 *Leadership Report*

… 선조 때 벼슬아치들의 자질 향상을 위해 어전에서 시를 지어 바쳤는데 장원을 하면 무상의 영광으로 알았다. 이 시 콘테스트라 할 정시가 공고되자 누군가 '이번에도 이덕형이 장원될 것은 뻔한 일이지' 하는 소리를 이덕형이 들었다. 정시가 있던 날 이덕형은 갑작스런 병으로 몸을 일으킬 수 없다는 핑계로 정시에 참여하지 않았다. 이 모두 겸허함으로써 조직 성원들의 눈 밖에 나 소외당하지 않기 위한 지혜랄 수 있다. …

(조선일보 2001. 12. 11)

⋯▸ 'hero' 보다는 'hero maker' 가 되라는 말이 있듯이 자신의 능력을 과시하는 데에만 열중하지 말고 무엇이 전체를 위해서 좋은 것인지, 그리고 내 옆에 있는 사람의 발전을 위해서 나는 어떻게 행동해야 하는지를 생각해야 합니다. 이것이 바로 슈퍼리더의 자세입니다.

함께 다니며 보여주어라

가장 오래되고 가장 강력한 리더십 훈련법

마을 밖으로 함께 걸어 나가면서 아이는 어른의 움직임을 유심히 살피고 있었습니다. 아이 옆에 서 있는 어른은 아이의 외삼촌인데, 그는 아이의 아버지가 산적 떼에게 죽임을 당한 이후 줄곧 아이를 지켜봐 왔습니다. 이제 막 열 살이 된 그 아이는 외삼촌처럼 마을에서 가장 뛰어난 사냥꾼이 되고 싶었습니다.

길을 걷다말고 갑자기 어른이 우뚝 멈춰 섰습니다. 그리고 한참 동안이나 아이를 뚫어질 듯 쳐다봤습니다. 그러더니 몸을 약간 움직였습니다. 그 몸짓 하나로도 아이는 그것이 무엇을 의미하는지 알아챘습니다. '같이 가자'는 뜻이었던 겁니다. 사냥을 따라간다는 사실에 아이는 극도로 흥분했고 신이 나서 외삼촌의 뒤를 따랐습니다. 그들은 온종일 사냥을 했고 사냥은 성공적이었습니다.

그 후 몇 년 동안 그 둘은 줄곧 그날 했던 그대로 함께 사냥을 했습니다. 어른이 사냥을 가면 아이는 으레 그 뒤를 따랐습니다. 처음에 아이는 그저 어른이 사냥하는 모습을 지켜보기만 했습니다. 어른은 아이에게 거의 아무 말도 하지 않았습니다. 아이가 어떤 질문을 해도 거의 대답하지 않았으며, 이에 따라 점점 아이의 말수도 줄었습니다. 그들은 말없이 함께 사냥을 했고, 아이는 어른의 움직임을 하나도 빠뜨리지 않고 주의 깊게 살폈습니다. 어른은 아이가 매우 영리하고 민첩하다는 사실을 잘 알고 있었으며, 오래지 않아 아이는 어른의 사냥 동작을 흉내 내기 시작했고 실제 사냥에서도 나름의 몫을 해내기 시작했습니다.

아이는 숲에서뿐만 아니라 마을에서도 어른이 하는 일, 특히 사냥을 계획하고 준비하는 과정을 눈여겨보았습니다. 아이는 어른이 무기와 장비를 조심스럽고 소중하게 간수하는 모습도 면밀하게 관찰했습니다. 얼마 안 가서 아이는 자신의 총과 도구들을 가지게 되었습니다.

3년이 채 안 되서 둘은 마을에서 제일가는 사냥꾼이 되었습니다. 그들은 이제 더 이상 리더와 추종자의 관계가 아닌, 한 팀의 멤버로 일하기 시작했습니다. 아무 말 하지 않아도 각자 자신이 해야 할 일은 무엇이고, 또 둘이 함께 해야 할 일은 무엇인지를 명확하게 알고 있었습니다. 그들은 각기 혼자 사냥을 하는 것보다 둘이 팀을 이뤄 하는 것이 월등한 결과를 낸다는 것도 알고 있었습니다.

어른에게는 날이 갈수록 아이의 자신감과 기량과 힘이 자라는 것이 보였습니다. 어른은 아이가 장차 그 지역의 리더가 될 것이라는 확신

을 가지게 되었습니다.[29]

많은 사람과 더불어 큰 비전을 성취하고자 하는 사람, 리더를 육성하는 슈퍼리더는 스스로 다른 사람의 모델이 되어야 합니다. 이건 이렇게 하고, 저건 저렇게 하고, 이럴 땐 이렇게 하고, 저럴 때는 어떻게 해야 한다고 사사건건 가르치려 할 것이 아니라 우선은 먼저 본을 보이고 이를 따라 하면서 배울 수 있도록 해야 합니다.

이는 리더십뿐만 아니라 다른 것도 마찬가지입니다. 그러나 그 중에서도 특히 사람들을 리드하는 방법은 교실에서 설명하고 공부하는 방식으로 배울 수 있는 것이 아닙니다. 아주 가까운 거리에서 모델 리더의 실제 행동을 주의 깊게 관찰해야 배울 수 있습니다. 모델링을 통해 리더를 육성하는 이 방법은 체계적이지 못하고 결과를 예측하기도 어렵다는 단점을 지니고 있습니다. 그럼에도 불구하고 이 방법은 폭발적인 침투력과 파워가 있기 때문에 예로부터 가장 많이 사용된 방법입니다.

♪당신의 생각은?

− 예시를 참고하여 자신만의 문장으로 완성하십시오.

솔선수범하는 리더는 다른 사람들에게 중요한 본이 된다. 백 마디의 말보다 한 번의 실천이 더 강력한 메시지다. 리더의 훌륭한 행동을 보고 성장한 사람은 그것을 또 다른 누군가에게 행동을 통해 보여주게 된다. 내게도 그런 경험이 있다.

예1) 공부하라는 잔소리를 하지 않고 언제나 우리 옆에서 책을 읽으시는 아버지를 보고, 나 역시 동생에게 말로 강요하기보다 행동으로 모범을 보이려고 노력하고 있다.

예2) 중학교 1학년 때 담임선생님은 돌보고 가르치는 것이 무엇인지 몸소 보여주셨다. 그분을 보고 교사가 되겠다고 결심했고, 가르치는 교사가 아니라 섬기며 보여주는 모델이 되기 위해 나름대로의 준비를 하고 있다.

예3) 우리 사장님은 겸손하되 엄격한 윗사람의 전형을 보여준다. 아들뻘 되는 말단 직원인 내게도 깍듯이 존댓말을 하지만, 사리에 어긋난 행동에 대해서는 스스로 깨우칠 수 있도록 행동으로 보여준다. 나도 책임자가 되면 같은 모습이 될 것이다.

🎵 리더십 리포트 *Leadership Report*

…소설《불씨》는 사람의 마음을 움직이는 데서 개혁이 출발해야 한다는 것을 보여준다. 18세기 일본 바쿠후시대, 작고 가난한 봉토 요네자와의 영주가 된 우에스기 요잔은 먹을 것은 물론 의욕까지 상실한 '재의 나라' 요네자와를 개혁하는 첫걸음을 '솔선수범'에서 찾았다. "남에게 무엇을 해달라고 할 때는 우선 부탁하는 사람부터 직접 해 보이지 않으면 안 된다. '해 보이고 말하고, 들어주고 시킨다'는 말도 있다. 나도 그 식으로 해보겠다." 그는 매끼 식탁에 밥과 국 하나씩만을 올리는 검약을 몸소 실천했고, 정원에 직접 뽕나무를 심었다. …

(한겨레 2002. 4. 9)

↝ 다른 사람을 이끌기 위해서는 먼저 솔선수범해야 합니다. 리더는, 더욱이 슈퍼리더는 위에 앉아서 군림하며 '이렇게 해라, 저렇게 해라' 하고 명령하는 사람이 아닙니다. 슈퍼리더가 되고자 하는 사람은 다른 사람에게 본을 보여야 하고, 셀프리더가 되고자 하는 사람은 슈퍼리더가 하는 것을 주의 깊게 지켜보며 따라 해야 합니다.

170 슈퍼리더십 :
모두와 더불어 꿈을 현실로 만드는 슬기

윗자리보다
아랫자리를 잡아라

섬기면서 리드하는 하인 레오

헤르만 헤세*Hermann Hesse*의 《동방순례*Journey to th East*》라는 소설을 보면 레오*Leo*라는 인물이 등장합니다. 레오는 하인들 중 한 명으로 짐 나르는 일을 도왔고, 때로는 순례단 대표의 사사로운 심부름을 맡아서 하기도 했습니다. 눈에 잘 띄지 않는 이 사나이는 어딘가 사람을 끄는 데가 있었고, 사람의 마음을 사로잡는 힘이 있어 모두가 그를 좋아했습니다. 그는 즐겁게 일했고, 대개는 혼자서 노래를 부르거나 휘파람을 불었으며 필요할 때 외에는 눈에 잘 띄지도 않는 아주 이상적인 하인이었습니다. 그는 소박하고 자연스럽게 행동했습니다. 그는 붉은 빰을 가진 건강하고 다정하고 겸허한 사람이었습니다.

그런 레오가 어느 날 갑자기 사라져버렸습니다. 순례단은 백방으로 레오를 찾아 나섰지만 모두 허사였습니다. 그의 실종이 점점 확실해지면서 순례자들은 이상하게도 그들의 여행 자체가 점점 가치를 잃어

가고 있다는 느낌을 받기 시작했습니다. 순례단에게 안정과 평화로움을 가져다주던 레오의 노래와 휘파람 소리를 듣지 못하게 되자 결국 무리들은 무질서해졌고 여행은 중단되었습니다.

그러다 몇 년 후, 그 무리들 중의 한 사람이었던 소설 속의 '나'는 레오가 그 순례단의 머리, 길잡이 역할을 한 리더였음을 깨달았다고 썼습니다. 레오가 실종되기 얼마 전 '나'와 레오는 다음과 같은 대화를 나눈 적이 있습니다.

나는 하인 레오에게 물어보았다. 창조된 이미지들은 저렇게도 반박할 여지없이 생기 있어 보이는 데 반하여, 어째서 예술가들은 대부분 반쪽짜리 인간처럼 보이느냐고. 레오는 내가 한 질문에 놀란 듯 나를 빤히 쳐다봤다. 그러더니 팔에 안고 있던 삽살개를 놓아주고는 이렇게 말했다.

"그것은 어머니들도 마찬가지입니다. 아기를 낳고, 아기에게 자신의 젖과 아름다움과 힘을 다 주고 나면, 어머니들 자신은 눈에 띄지 않게 되지요. 그리고 아무도 그들에 대해 더 이상 물어보지도 않는답니다."

"그건 슬픈 일이로군요."

나는 사실 그에 대해 깊이 생각해보지도 않고 대답했다.

나의 말에 레오는 이렇게 대답했다.

"제 생각으론 다른 모든 것보다 특별히 더 슬픈 일도 아닙니다."

"아마 슬프기도 하겠지만 아름답기도 하지요. 법칙이 그렇게 원하고 있습니다."

"법칙이라고요?"

슈퍼리더십 :
모두와 더불어 꿈을 현실로 만드는 슬기

나는 호기심이 생겨서 물었다.

"무슨 법칙 말이요? 레오?"

"봉사의 법칙 말입니다. 오래 살기를 원하는 자는 봉사를 해야 합니다. 그러니 지배하길 원하는 자는 오래 살지 못 합니다."

"그렇다면 왜 그토록 많은 사람들이 지배욕에 사로잡히는 것일까요?"

"그들은 그 법칙을 몰라서 그렇습니다. 야심만으로 지배자가 된 사람들은 모두 무에서 끝나게 됩니다."

"무라니, 그게 어디란 말이요, 레오?"

"이를테면 요양소 같은 곳에서 말입니다."

… 레오는 모르는 것이 하나도 없을 정도로, 표면상으로는 그의 주인이었던 다른 사람들보다 더 많은 것을 알고 있는 것 같다는 느낌이 마음속에서 사라지지 않았다.[30]

리더는 지배하고 명령하는 사람이라기보다는 섬기며 봉사하는 사람입니다. 가장 높은 지위에 앉아 있는 사람이 반드시 그 공동체의 리더는 아닙니다. 사람들이 뿔뿔이 흩어지지 않게 공동체의 일관성을 유지시켜 주는 사람이 리더입니다. 그렇게 하기 위해서는 높은 곳에서 호령하기보다 낮은 곳에서 섬기는 것이 더 효과적입니다. 신분과 관계없이 레오처럼 '봉사의 법칙'을 깨우친 자가 바로 리더입니다.

성공적인 셀프리더라면 누구나 언제든지 슈퍼리더로 성장할 수 있습니다. 대학생도, 교사도, 가정주부도, 샐러리맨도, 수필가도, 운전기사도, 그리고 하인도 슈퍼리더십을 발휘할 수 있습니다. 큰 꿈을 이루고자 하는 사람은 누구나 의식적으로 슈퍼리더십을 수련해야 하고,

이는 지위나 권한 같은 것으로 결정되는 것이 아니라 어떤 마음가짐을 갖느냐에 달려 있습니다.

❧ 당신의 생각은?

- 예시를 참고하여 자신만의 문장으로 완성하십시오.

지위가 낮고 권한이 적다고 해서 리더십을 발휘할 수 없는 것은 아니다. 리더십은 거기에서 나오는 것이 아니라, 레오와 같이 '봉사의 법칙'으로 사람들을 이끌 때 발휘할 수 있는 것이다. 레오와 같은 서번트리더십 *Servant leadership* 을 발휘하기 위해 _____

_____

예1) 나는 M.T를 가면 항상 제일 먼저 일어나서 피곤해 늦잠을 자는 동료들을 위해 소리 없이 아침밥을 지을 것이다.

예2) 나는 친구들과 함께 무언가를 도모할 때 가장 어렵고 힘든 일, 다른 사람들이 싫어하고 피하는 일을 자진해서 맡아 책임감 있게 완수해낼 것이다.

예3) 나는 아무리 높은 지위에 오르더라도 권위나 지위로 타인을 대하지 않을 것이고 내가 그들을 위해 할 수 있는 일은 무엇인지를 항상 고민하고 행동할 것이다.

리더십 리포트 *Leadership Report*

… 로저 다우*Roger Dow* 교수는 참된 지도자상에 대해 다음과 같이 서술했다. "지배와 통제의 방식은 참된 지도자의 자세가 아니다. 관리와 경영을 지도력이라고 하지 않는다. 만일 당신이 남을 지도하고자 한다면 적어도 당신이 가진 시간의 절반을 당신 자신, 즉 당신 자신의 목적, 윤리, 원칙, 동기, 행동을 지도하는 데 투자해야 한다. 그리고 적어도 20%는 당신보다 위에 있는 사람의 권위를 세우는 데 투자하라. 그리고 당신 동료들의 권위를 지도하는 데 15%를 투자하라. 그 나머지는 아랫사람을 지도하는 데 투자해야 한다. 당신이 일하는 것은 바로 당신보다 아랫사람들을 위한 것임을 깨닫지 못한다면, 당신은 지도력에 대해서 하나도 모르는 것이다. 당신은 오직 권위와 독재만을 알고 있는 것이다."

(문화일보 1997. 12. 25)

⋯→ 지위와 권력으로 사람들을 이끄는 사람은 다른 사람에게 존경을 받을 수 없습니다. 그저 복종을 얻어낼 수 있을 뿐입니다. 진정한 슈퍼리더는 섬김으로써 존경을 얻어낼 수 있어야 합니다. 강압과 강요에 의해서가 아니라 마음에서 우러나와 행할 수 있도록 해야 진정한 슈퍼리더입니다.

사명과 역할을 알려주는
꿈이름을 불러주어라

"날개 님 안녕하세요?"

어떤 작은 은행 옆에 날이면 날마다 앉은뱅이 거지가 앉아 있었습니다. 지나가던 사람들은 하나같이 그를 불쌍히 여기며 동전을 던져주었습니다. 그 은행의 은행장도 거지에게 돈을 주었습니다. 다른 사람들과 차이점이 있다면, 은행장은 동전을 주면서 그 옆에 놓여 있는 볼펜을 집어갔다는 점입니다.

"자네는 사업가일세. 그리고 지금 나는 자네와 거래를 하는 걸세. 자네는 사장님이지, 사장님!"

그 은행장이 볼펜을 집으면서 한 말이었습니다.

어느 날 그 앉은뱅이 거지가 그 자리에서 사라졌습니다. 그리고 세월이 얼마쯤 흘러 은행장이 거지의 모습을 잊어버렸을 때쯤, 은행장은 앉은뱅이 거지를 다시 만났습니다. 그러나 그는 더 이상 거지가 아니었습니다. 그는 은행 근처에 있는 다른 건물의 매점 주인이 되어 있었습니다. 그 거지는 은행장을 보자 반가워하면서 이렇게 말했습니다.

"언젠가는 선생님께서 이곳에 오실 줄 알았습니다. 제가 이 매점의 주인이 된 것은 선생님 덕분이에요. 선생님은 제게 '사업가, 사장님'이라고 말씀해주셨습니다. 그 순간 저는 정말로 거지가 아닌 사업가가 되어야겠다는 생각을 했습니다. 그래서 그때부터 볼펜, 연필, 공책 등을 가지고 다니면서 팔았습니다. 선생님께서는 제게 사업가라는 역할을 일깨워주셨습니다."[31]

사람들에게 어떤 식으로든 영향을 주고 그들 모두와 더불어 하나의 큰 꿈, 포기할 수 없는 비전을 이루려면 모두 자기 나름의 역할을 해내야 합니다. 셀프리더십은 자기역할을 통하여 가치관을 실현하는 콘텍스트context 입니다. 자기역할과 가치관은 서로 밀접하게 영향을 주고받기 때문에 어느 하나를 따로 떨어뜨려서 생각할 수가 없습니다. 누구든 역할이 분명해야 꿈을 행동으로 옮겨 구체화할 수 있습니다.

예를 들어, 어떤 사람이 독서는 열심히 하면서도 작가로서의 역할 주체성은 가지고 있지 않다면 독서를 통해 지식은 얻을 수 있겠지만, 글을 쓰는 법을 배우지는 못할 것입니다. 그러나 '나는 작가다' 라고 강력하게 믿는 사람은 똑같은 책을 읽더라도 다른 사람과는 차별되는 방식으로 글을 읽기 때문에 정보도 얻고 글 쓰는 법도 배웁니다.

함께 팀을 이루어 일하는 사람이 나름의 역할을 제대로 수행하지 못하고 셀프리더로 거듭날 수 없으면 우리 자신의 꿈도 이룰 수가 없습니다. 그들의 결점이나 실패에 주목하기보다는 그들의 좋은 점과 독창적인 능력, 또는 비전에 초점을 맞추고 역할을 적절하게 나타낼 수 있는 꿈이름(별명)을 붙여주는 것도 한 가지 방법입니다. 즉 그들에게 꿈이름을 달아주는 것입니다.

2003년 2월에 경기도 송추에서 서울비전스쿨 스페셜 캠프를 열었을 때, 15명 정도의 자원봉사자들이 교사로 활동했습니다. 거기서 우리는 교사 각자의 희망에 따라 꿈이름을 하나씩 붙여주었습니다. 우리는 서로를 '다정한 님', '기쁨님', '꿈돌이님' 하는 식으로 불렀습니다. 그 중 한 사람은 청소년들이 답답한 현실을 타개하고 이상적인 세계로 날아갈 수 있도록 날개를 달아주고 싶다면서 '날개' 라는 이름을 사용했습니다.

캠프가 끝나고 며칠이 지났을 때 날개님이 나에게 전화를 걸어 "저 인천의 이 아무개예요" 라고 하는 순간 제가 "아, 날개님!" 하고 큰 소리로 반가워했습니다. 그 짧은 순간에 우리는 다시 한 번 동료의식을 확인할 수 있었고, 날개님은 인천의 '온세계비전스쿨' 에서 청소년들에게 비전이라는 날개를 달아주는 일에 더욱 박차를 가할 수 있었습니다.

우리가 매일 만나는 모든 사람, 함께 일하는 동료들의 마음속에는 무언가 부족하다고 느끼는 공허감이 있습니다. 남의 눈에는 아무리 행복해 보여도, 아무리 유명한 사람인 것처럼 보여도, 심지어 셀프리더로 발돋움하고 있는 사람들조차도 그 마음속에는 뭔가 더 채워지기를 바라는 빈 부분이 있습니다. 그 빈 부분에 우리는 역할정체성을 불어넣어야 합니다. 은행장이 거지에게 사업가라는 이름표를 달아준 것처럼 지금 곁에 있는 사람들에게 하나씩 그의 역할에 걸맞는 꿈이름을 달아주십시오.

슈퍼리더십 :
모두와 더불어 꿈을 현실로 만드는 슬기

당신의 생각은?

– 예시를 참고하여 자신만의 문장으로 완성하십시오.

자신의, 그리고 타인의 꿈에 구체적인 이름을 붙여주면 '역할주체성'
이 키워지기 때문에 구체적인 목표지점을 수월하게 설정할 수 있다.
내 주변에는 하고 싶어하는 일이 있으면서도 막상 자신의 역할주체성
은 파악하지 못하는 사람이 있는데 그 사람에게도 그 사람에게 꼭 맞
는 꿈이름을 붙여주고 싶다.

_____

_____

예1) 내 친구는 숲을 가꾸며 숲과 조화를 이루는 삶을 살고 싶어한다. 그 친구
에게 나는 '푸르메' 라는 꿈이름을 붙여주고 싶다.

예2) 내 동생은 T.V 보는 것을 좋아하고 드라마를 볼 때면 엄청나게 몰입하며,
드라마 작가가 되겠다고 한다. 나는 동생에게 '감독님' 이라는 꿈이름을
붙여주고 싶다.

예3) 내 친구는 다른 사람들의 이야기를 듣고 조언해주는 행동에서 보람을 얻
을 때가 많다. 나는 그 친구에게 '다정한 님' 라는 꿈이름을 붙여주고 싶다.

사명과 역할을 알려주는 꿈이름을 불러주어라

문을 닫아야 할 형편에 놓인 수도원 원장이 현자(賢者-Rabbi)를 찾아 자문을 구했다. "그것 참 큰일이구려." 같이 걱정만 할 뿐 현자에게도 이렇다할 묘안이 없었다. 다만 현자는 실망하고 돌아서는 수도원장에게 알 듯 모를 듯한 말을 던졌다. "혹시 압니까, 수도원 가족 중에 구세주가 있을지…" 원장으로부터 자초지종을 들은 수도원 가족들은 낙담했다. 그런데 현자가 했다는 마지막 말이 사람들의 뇌리에 맴돌았다. "우리 중 한 사람이라…. 그렇다면 A일지도 몰라, 아니야 B일 꺼야." 수도원 가족들은 모두가 자기만 빼놓고 상대방이 구세주일지 모른다는 생각에서 서로 마음에서 우러나오는 존경심을 표했다. 그 뒤 수도원에는 알 수 없는 신령한 기운이 감돌았다. 소문을 들은 순례객이 몰려오고 수사를 지원하는 사람도 많았다. 퇴락해가던 수도원에 생기가 넘쳤다. 신학자 '스캇 펙'의 '평화의 북소리' (원제 : The Different Drum) 서문에 실린 중세기 유럽 설화다. 그는 구성원 전원이 지도자가 되는 '뉴 리더십'을 강조했다.

(대한매일 2001. 9. 10)

⋯▸ 같은 조직에 몸을 담고 있거나, 같은 꿈을 꾸는 사람들은 서로 작용을 주고받습니다. 상대방에게 '너는 할 수 있어'라는 기대감을 보내주면 그는 기대에 부응하기 마련입니다. 이런 분위기는 시너지작용을 일으키기 때문에 결국 팀 전체에 성과를 가져다줍니다. 지금 함께 있는 사람들에게 그들 각자의 꿈에 맞는 이름을 붙여주십시오. 모두 다 셀프리더, 슈퍼리더로 성장할 수 있을 겁니다.

진심 어린 따뜻한
배려를 보여주어라

발렌타인 위스키의 비결

어떤 사업가가 뉴욕에 있는 유명 일류식당과 거래를 맺기 위해 노력하고 있었습니다. 그래서 점심시간마다 그 식당에 찾아가 식사를 하면서 그 식당 주인에게 접근했습니다. 식당 주인은 언제나 그 사업가를 반갑게 맞이해주었고 가끔 식사를 함께 하기도 하면서 서로 상당히 친밀한 관계가 되었습니다. 그러나 그렇다고 해서 거래를 터주지는 않았습니다.

사업가는 포기하지 않고 줄기차게 그 식당을 드나들었으며, 이에 서로 허물없이 터놓고 지내는 사이가 되었지만 식당 주인은 여전히 거래를 하자는 말은 하지 않았습니다. 그 사업가는 초조해졌지만 이제 와서 물러설 수도 없었습니다.

그러던 어느 날 사업가는 심한 목감기에 걸려서 아무것도 먹을 수 없을 지경이 되었습니다. 그렇지만 식당과 거래를 트는 일을 포기할 수 없어서 할 수 없이 그 식당으로 향했습니다. 일단 식당 안에 들어 갔지만 목이 너무 아파서 아무 말도 할 수가 없었고, 음식을 먹는다는 것은 상상조차 할 수 없었습니다. 그래서 식당 주인에게 간단한 인사만을 하고 식당을 나와 곧장 약국으로 가서 약을 지어 사무실로 돌아왔습니다.

그런데 사무실에 들어가자 비서가 그 식당에서 주문이 들어왔다고 말해주었고, 그는 어찌된 영문인지 몰라 어리둥절했습니다. 도대체 왜 여태까지 거래를 터주지 않다가 점심도 사먹지 않은 오늘 같은 날 갑자기 주문을 했는지 그는 무척 궁금했습니다. 사업가는 식당 주인에게 고맙다는 인사도 하고 어떻게 된 일인지 알아도 볼 겸 전화를 걸었습니다.

그의 질문에 식당 주인은 전혀 예상치 못한 대답을 했습니다. 그날 따라 식당이 너무나 바빠서 눈코 뜰 새가 없었는데 어떻게 알았는지 간단히 인사만 하고 그냥 돌아가는 바람에 시간을 절약할 수 있었고 식당 안의 혼잡을 덜어준 것이 고마워서 거래를 시작하기로 했다는 것입니다. 그리고 그렇게까지 상대방의 어려운 사정을 배려해주는 사업가라면 신용이 있을 거라고 생각되었다는 것입니다.

그 사업가가 바로 오늘날 세계적인 브랜드가 된 발렌타인*Ballantine* 위스키의 찰스 번즈*Charles Burnz* 입니다.

매일 찾아가서 인간적인 친분을 맺었음에도 불구하고 거래를 터주지 않았던 식당주인이 마음을 열고 거래를 하기로 결정한 것은 찰스 번즈가 남을 배려할 줄 아는 사람이라고 생각했기 때문입니다. 사람들은 대체로 상대방의 사정이 어떻든 간에 자기가 하고 싶은 말만 늘어놓는 경향이 있습니다. 그 사람의 상황이 어찌되었건, 자기는 자기가 하고 싶은 대로 다 합니다. 서로를 위한 일이라 생각한다고 해도 그런 방식으로는 상대방의 마음을 열 수 없습니다. 그 사람이 셀프리더가 되게 할 수도 없습니다. 지나치게 자기의 목적에만 집착하다 보면 시야가 좁아져서 다른 사람들의 입장과 형편을 무시하기 쉽습니다.

많은 사람들의 중심에 서 있는 리더일수록, 그리고 사람들을 성공적인 셀프리더로 성장케 하려는 슈퍼리더일수록 다른 사람의 입장을 배려할 필요가 있습니다. 무조건 자기 말을 따르라고 강압할 것이 아니라 그들이 자발적으로 노력하고 참여하도록 만들어야 하기 때문입니다. 다른 사람의 자발적인 노력과 참여를 이끌어내기 위해서는 그들에게 도움이 되어야 합니다. 그렇게 하자면 자기의 목적에만 매달리는 태도를 버리고 상대방의 입장에 서서 생각해보고 그들을 먼저 배려하는 법을 익혀야만 합니다.

❦당신의 생각은?

— 예시를 참고하여 자신만의 문장으로 완성하십시오.

배려가 아니라 강압으로 다른 사람들을 이끌다 보면 처음에는 사람들이 잘 따르는 것 같지만 알고 보면 마음속에 앙금을 남겨두는 경우가 많다. 제대로 리드하기 위해서는 배려와 감동이 꼭 필요하다. 진심 어린 배려를 보여주기 위해 _____

_____

_____

예1) 나는 그의 컴퓨팅 능력이 떨어진다는 것을 잘 알고 있다. 간혹 간단한 문서작업에도 많은 시간을 할애하는 그를 보면 답답한 마음이 들기도 하지만 빨리하라고 닦달하는 것이 아니라, 다른 강점을 부각시키면서 일부를 대신 해줄 작정이다.

예2) 팀에게 부과된 시급한 업무가 있었는데, 우리 팀원 중 한 명이 개인적으로 힘든 일이 있어서 업무에 집중하지 못했다. 나는 그 친구의 몫까지 해내려고 노력했고 그는 나중에 그 사실을 알고 절치부심해서 더욱 업무에 집중했다.

예3) 나는 빠르게 문제를 해결할 수 있는 방법을 안다 해도 다른 사람의 기분을 배려하여 명령조로 지시하기보다는 의견을 묻고 토론하는 방식으로 문제를 해결할 것이다.

리더십 리포트 *Leadership Report*

작고한 오부치 게이조(小淵惠三) 전 일본총리는 때와 장소를 불문하는 전화벽으로 유명했다. 이곳저곳에 불쑥 전화를 걸어대는 바람에 상대방을 놀라게 하곤 했다. 이른 바 '푸시폰 *push phone*'은 조선일보사 도쿄 특파원실에도 온 일이 있다. (간접적인 형태지만) 그의 인물론을 한국잡지에 썼더니 비서관이 "총리 전화"라며 전화를 걸어왔다. 그리고는 "기사 잘 보았다"는 요지의 오부치의 메시지를 줄줄이 전하는 것이었다. 외국 기자까지 신경쓰는 철저함에 혀를 찼던 기억이 지금도 생생하다.

생전의 오부치가 사랑받았던 것도 남을 배려하는 리더십 덕분이었다. 자신을 낮추면서 상대방을 감싸는 자세로 30여 년의 정치인생을 지내왔다. 그래서 그는 '어머니 같은 지도자'로 불리곤 했다. 자상하고 따뜻한 온정형 리더십이란 뜻이었다. …

(조선일보 2000. 5. 16)

⋯▸ 강한 카리스마로도 다른 사람을 이끌 수 있겠지만, 이는 부작용을 초래할 위험이 있습니다. 몸은 움직이는데 마음은 그대로일지도 모르기 때문입니다. 겉모습을 변화시키는 것보다 사람의 마음을 움직이는 것, 또 그들 스스로 내면의 변화를 일으켜 행동할 수 있도록 하는 것이 더 중요합니다. 이를 가능케 하는 것은 상대방에 대한 세심한 배려, 따뜻한 보살핌입니다.

영웅이 되기보다는
영웅 메이커가 되어라

고르바초프와 카터의 좌절과 영광

20세기의 리더들 가운데 성공한 리더와 실패한 리더로 비교되는 인물을 말하자면 고르바초프 *Gorbachyov* 전 러시아 대통령과 지미 카터 *Jimmy Carter* 전 미국 대통령을 꼽을 수 있습니다.

고르바초프는 1985년에 소련공산당 서기장에 취임하였고 1990년에는 다시 러시아 초대 대통령으로 취임했으며 그 해 노벨 평화상을 받았지만 옐친 *Yeltsin* 에게 정치적으로 패배하여 1991년 권좌에서 물러났습니다. 고르바초프는 눈부신 성공 뒤에 허망한 실패를 맛본 리더였습니다. 페레스트로이카(*perestroyka* : 1985년 4월에 선언된 소련의 사회주의 개혁 이데올로기)와 글라스노스트(*glasnost* : 고르바초프가 실시한 공개보도 정책)를 외치며 공산당이 독점하고 있던 권력을 시민들에게 돌려줄 때, 고르바초프의 영향력은 하늘을 찌를 듯이 높았습니다. 엄청난 기대와 찬사를 받으며 세계를 누비고 다닐 때 그의 모습은 마치 세상에 존재하는 모든 문제에 대한 답을 다 가지고 있는 것처럼 보였으며, 언제나 다른 사람들에게 갈 길을 환히 밝혀줄 것처럼 보였습니다. 세계 언론의 스포트라이트가 매일 그에게 집중되었습니다. 그렇지만 전세계가 지켜보는 가운데 의회에서 옐친의 손가락질을 받으며 고개를 숙이고 물러난 후로 그는 잊혀진 인물들 가운데 한 사람이 되고 말았습니다.

고르바초프와 대조적으로 카터는 참담한 실패 뒤에 눈부신 성공을 이룩한 리더입니다. 대통령 재직 시절에는 하는 일마다 시비와 비난이 그칠 줄 몰랐고 급기야 1980년 재선 도전에 실패하고 조지아 *Georgia* 주의 땅콩농장으로 돌아갈 때 신문들은 그를 패가망신한 소인배로 매도했고, '어떻게 저런 사람이 미국의 대통령이 되었을까' 하는 말들이 난무하는 등 그의 실패는 극에 달했습니다. 그러나 대통령 직에서 물러나고 23년이 지난 오늘날, 그는 미국인들로부터 '역사상 가장 위대한 전직 대통령'이라는 찬사와 함께 세계 언론의 초점이 되고 있으며 지금까지도 세계에서 가장 영향력 있는 리더 중의 한 사람으로 남아 있습니다.

고르바초프는 페레스트로이카를 추진하여 70년에 걸친 공산압제의 사슬을 걷어내고 탈이데올로기화, 탈군사화의 시대를 열었고 사유재산소유와 자유창업이 허용되는 개방화를 단행했습니다. 또한 글라스노스트를 통해서는 사상과 정보의 자유화를 이루었습니다. 뿐만 아니라 독일의 통일을 비롯한 동유럽의 민주화 개혁에도 엄청난 기여를 했습니다. 한마디로 그는 21세기의 세계지도를 새로 그린 장본인 중한 사람이라 할 만큼 눈부신 업적을 남겼습니다. 이는 노벨평화상을두 번, 세 번 받아도 오히려 부족할 지경입니다. 그러나 이런 눈부신업적에도 불구하고 그는 확실하고 신속한 개혁을 단행하지 않는다는이유로 소련 국민들로부터 비판을 받고 권좌에서 끌려 내려졌습니다.

▷집을 짓고 있는 카터

한편 대통령 재선에 실패한 카터는 청바지를입고 무주택자를 위한 집을 지어주는 현장에서머리에 수건을 두른 채 땀을 뻘뻘 흘리며 망치질과 톱질로 세월을 보냈습니다. 개발도상국에서중요한 선거가 있으면 아무 권력도 힘도 없는 일반 시민의 자격으로 달려가서 공명선거 감시단원으로 활동했습니다. 고르바초프의 업적에 비하면 카터의 업적은 보잘 것 없어 보이지만 그는재임 당시의 고르바초프보다 더 존경을 받고 있으며 더 높은 평가를 받고 있습니다. 그는 1976년 대통령에 당선된 후4년 뒤 레이건에게 패배해 실패한 대통령으로 기록되면서 권좌에서물러났지만 그로부터 다시 26년이 지난 2002년도에는 노벨 평화상을수상했습니다.

고르바초프는 국민들을 옳게 인도하기 위해서는 소비에트 연방에서 일어나는 모든 일을 자기가 직접 컨트롤하지 않으면 안 된다고 생각했고 이에 집착했습니다. 그는 특히 제도의 개혁에 집중하다가 정

슈퍼리더십 :
모두와 더불어 꿈을 현실로 만드는 슬기

작 국민들이 원하는 것이 무엇인지는 놓치고 말았습니다. 당시 소련 전역에는 각 지역별 인종별 분권화와 자율을 요구하는 목소리가 높아지고 있었습니다. 그들에겐 소비에트 연방을 해체하고 각 독립체들이 서로를 존중하며 협력해나갈 수 있는 비전이 필요했습니다. 그러나 고르바초프는 그런 흐름을 읽어내지 못했습니다.

카터는 대통령 퇴임후 조정자 내지 분쟁해결사의 역할을 감당했습니다. 가장 대표적인 사례를 들어보면 수단 *Sudan*의 휴전협정, 아이티 *Haiti* 사태의 무혈해결, 보스니아 *Bosnia* 휴전 등입니다. 그는 카터센터를 설립하여 그곳에서 여러 사람들이 만나 분쟁을 해결할 수 있게 해주었습니다. 그는 분쟁 당사자들이 분쟁의 본질이 무엇인지를 차분히 생각해보고 건설적인 합의에 이르도록 하는 데에 특별한 재능을 보여주었습니다. 그는 그 모든 일들을 아무런 권력도 없이 해냈습니다. 그는 단지 사람들을 한자리에 불러서 각각 자기에게 최선의 의사결정을 하도록 유도했을 뿐이었습니다. 구슬땀을 흘리며 망치질을 하고 톱질을 하는 모습을 보여줌으로써 다른 사람들이 각자 스스로를 옳게 리드할 수 있도록 도왔습니다. 카터는 실패에서 성공을 이끌어낸 사람의 모델이 되었습니다.[32]

고르바초프는 새로운 시대를 열어준 영웅이었습니다. 그러나 영웅한 사람의 힘으로 국민들을 미지의 신천지로 안내하여 거대한 파고를 일으키려는 생각은 그 자체가 위험한 것이라는 점을 재확인시켜 주었습니다. 리더십의 에너지는 국민들에게서 나와야 합니다. 그들 각자가 스스로를 안내하고 스스로를 변화시켜야 합니다. 고르바초프는 영웅이 되는 데는 성공했지만 영웅 메이커가 되는 데는 실패했습니다. 진정한 슈퍼리더가 되기 위해서는 다른 사람들 한 명 한 명을 모두 영웅으로 만들어야 합니다.

  카터는 실패한 대통령이었습니다. 그렇지만 그는 스스로 영웅이 되기보다는 많은 사람들이 영웅적 행동을 하도록 리드하는, 말하자면 영웅 메이커가 되고자 노력했습니다. 그는 세상의 무거운 짐을 혼자 걸머지지 않았습니다. 타인들과 함께 나누어지며 그들 모두가 자기를 옳게 리드하도록 봉사했습니다. 카터는 영웅메이커, 즉 슈퍼리더입니다.

✄당신의 생각은?

– 예시를 참고하여 자신만의 문장으로 완성하십시오.

스스로 본을 보이는 것도 중요하지만, 다른 사람들이 올바른 방향으로 나아갈 수 있도록 도와주는 것도 중요하다. 나는 다른 사람이 올바른 선택을 하도록 기회를 제공해서 보람을 느낀 적이 있다.

_____

_____

_____

예1) 아르바이트 때문에 리포트 작성준비를 못하는 친구를 위해 내가 대신 자료를 준비해주었다. 학기말 성적이 나왔는데 그 친구는 장학생이 되었고

나에게 장학금의 반을 주겠다고 하였지만 나는 커피만 한 잔 얻어먹었다.

예2) 그는 달리는 것을 좋아했고 재능이 있었지만 더 이상 기록이 단축되지 않는다며 달리기를 그만두려고 했다. 나는 그에게 계속 '할 수 있다' 는 마음을 갖도록 하기 위해 스톱워치를 조금 늦게 가도록 했으며 그는 나중에 유명한 마라토너가 되었다.

예3) 부하 직원이 다른 직원과의 갈등으로 퇴사하겠다고 말했다. 그는 충분히 생각한 다음에 내린 결정이라고 했지만 내가 볼 때 그는 매우 흥분한 상태였다. 나는 그가 우리 회사에서 얼마나 중요한 사람인지 환기시켜주었고, 그는 지금 우리 회사에서 없어서는 안 될 아이디어맨이다

리더십 리포트 *Leadership Report*

지미 카터는 1976년 9월 안와르 사다트 이집트 대통령과 메나헴 베긴 이스라엘 총리를 캠프데이비드에 초치해 13일간이나 중동평화협상을 벌였다. 카터의 이 집요한 중재 노력은 이듬해 3월의 평화조약으로 이어졌다. 그 덕에 사다트와 베긴은 노벨 평화상을 받았다. 그러나 카터는 수상자 명단에서 빠졌다. 94년 7월 김영삼 대통령과 김일성 북한 주석 간에 열리기로 됐던 정상회담을 주선한 사람도 카터였다. 그때 회담이 이뤄졌더라면 노벨상은 진작에 이곳으로 왔을 법하지만 카터가 수상자 명단에 포함됐을 것 같지는 않다.

생각해보면 그가 퇴임 후에 노벨 평화상을 받음으로써 그 의의는 더 각별해졌다. 대통령으로서 이룬 업적에 주어진 상이라면 아무래도 순

수성이 감하게 마련이다. 물론 업적의 영향력이나 효과만을 중시한다면야 별문제다. 그러나 만난을 무릅쓰고 평화의 구현에 헌신하는 숭고한 정신에 주목할 경우 수상의 의미에 경중이 있을 법하다. …

(국민일보 2002. 10. 16)

┈▶ 지미 카터는 대통령 재직 시절에는 실패한 대통령이라는 비판을 많이 받았지만, 오히려 대통령 직에서 물러나서는 세계적인 리더로 눈부신 활약을 하고 있습니다. 이는 리더십을 발휘하는 것과 지위는 전혀 상관없다는 것을 보여주며, 또한 영웅이 되는 것보다는 영웅 메이커가 되는 것이 얼마나 중요한지를 보여줍니다.

한 사람을 제대로 끝까지 리드하라

아름다운 서포트 도미노

"나에게 보답을 하려고 애쓸 필요는 없어. 다만, 너에게 그런 힘이 생기거든 내가 너에게 한 것처럼 누군가 한 사람을 돕도록 해. 단, 피부 색깔과 국적을 따지지 말고 도움이 필요한 한 사람을 제대로 끝까지 도와야 해. 나는 네가 많은 사람을 돕는 자가 되어 있는 모습을 매일 머릿속에 그릴 작정이야."

이 말은 1955년, 당시 균명고 학생이던 김득연이, 로이드 슈 *Lloyd Schuh*라는 미군 소속 엔지니어를 배웅하면서 여의도 비행장에서 슈에게 들은 말입니다. 그는 지난 2년 동안 득연에게 매월 25달러의 학비를 대주다가 일본으로 전출 가게 된 것입니다.

2년 전 득연은 백령도의 어느 미군부대에서 아르바이트로 청소를 하고 있었습니다. 어둠이 채 가시지 않은 이른 아침부터 오전 내내 20

여 개의 막사를 뛰어다니며 쓰레기를 치우고 세탁물을 회수하고, 군화를 모아 반짝반짝 광이 나게 닦는 것이 그의 임무였습니다.

일이 끝나면 그는 언제나 책을 펴들고 영어와 수학을 공부했습니다. 어느 날, 수학 문제가 잘 풀리지 않아 무진 애를 쓰고 있는데 누군가가 뒤에서 득연의 어깨를 툭 치는 것이었습니다. 그가 바로 슈였습니다.

"그건 이렇게 푸는 거야"

슈는 득연이 이해하기 쉽도록 문제를 쉽게 풀이해주었습니다. 슈는 주로 야간근무가 많았기 때문에 새벽부터 오전까지는 잠을 자고 점심때가 지나면 한가롭게 여기저기를 돌아보곤 했는데, 그러다가 수학문제와 씨름하고 있는 득연을 발견한 것입니다. 그런 일이 몇 차례 반복되면서 둘은 친밀한 사이가 되었습니다.

하루는 득연이 밤에 별들을 향해 "제게 학교에 갈 수 있는 길을 열어주십시오. 고 1로 중퇴한 것이 너무나 아쉽습니다"라고 혼자 중얼거리고 있는데, 어느새 다가왔는지 슈가 득연의 어깨에 손을 얹고 편지한 통과 돈 봉투를 내밀면서 내일 즉시 서울의 어느 고등학교를 찾아가라고 말했습니다.

그로부터 20년 후, 경기도 광주의 칠사산 기슭에 자리잡은 경화여중·고에서 개교기념식이 거행되고 있었습니다. 설립자이며 재단이사장인 김득연이 단상에 올라 어떤 외국인을 손으로 가리키며 떨리는 음성으로 말했습니다.

"내가 도저히 공부를 계속할 수 없는 어려운 상황에 처했을 때 한 외국인이 나에게 학업의 길을 열어 준 적이 있었습니다. 그분이 아니었다면 오늘의 이 학교는 도저히 상상도 할 수 없습니다. 여러분, 로이드 슈 선생님을 박수로 맞아 주십시오"

"너에게 그런 힘이 생기거든 … 도움이 필요한 한 사람을 도와라"
라는 그 한 마디를 지키기 위해 김득연은 그날부터 있는 힘을 다했습
니다. 대학에서 경제학을 공부한 다음 철구조물 제작 공장에서 일하
면서 아무도 모르게 정말로 도움이 필요한 청소년들에게 장학금을 마
련해주었고, 지금은 매출 200억 규모의 기업체를 운영하며 경화여
중·고의 이사장으로 봉사하고 있습니다. 그가 학교를 운영하는 원칙
은 '돈이 없어서 졸업을 못하는 학생은 없게 한다'라고 합니다.

또, '인종과 국경을 넘어서'라는 슈의 정신을 구현하기 위해 필리
핀, 태국, 그리고 베트남의 젊은이들이 국내 회사에 취업할 수 있도록
도움을 주고 그들이 자신의 나라에 돌아가 김득연 자신과 비슷한 봉
사를 할 수 있게 하는 방안을 마련하고 있습니다. 최근에는 슈가 매월
득연에게 25달러씩 보내줬던 일을 기념하여, 앞으로 20년 내에 25만
명의 사람들에게 '인종과 국적을 초월하여 도움이 필요한 한 사람을
돕는' 정신을 전파하는 것을 필생의 목표로 하고 있습니다.

슈는 소년 김득연을 면학과 자수성가의 길로 이끌었고, 그가 보여
준 봉사정신과 리더십은 김득연을 통해 수천 수만 명의 사람들에게
전파되고 있습니다. 슈는 직접적으로는 한 사람을 섬긴 리더였지만,
그 한 사람을 제대로 끝까지 리드했고 이 정신은 결국 수천의 사람에
게로 번져가고 있습니다. 슈는 이미 고인이 되었지만 슈의 비전은 김
득연의 비전이 되었고 그들은 하나의 비전공동체를 이루었습니다. 이

제 그들은 거대한 동심원의 한가운데서 인종과 국경을 초월한 '서포트 도미노'의 비전을 현실로 이루어가고 있습니다.

❧ 당신의 생각은?

— 예시를 참고하여 자신만의 문장으로 완성하십시오.
한 사람만 제대로 리드해도 그 비전은 사람들에게 널리 전파될 수 있다. 나의 비전이 너의 비전이 되고, 또 더 나아가 온 인류의 비전이 될 수도 있다. 지금 내가 많은 사람들과 공유하고자 하는 비전은 _____
_____ (이)다.

예1) 억압받는 사람도 없고, 굶는 사람도 없는 모두가 평등한 사회
예2) 언제 어디서나 깨끗한 물, 깨끗한 공기를 마실 수 있는 세상
예3) 전쟁과 테러, 침략과 착취가 없는 평화로운 세상

❧ 리더십 리포트 *Leadership Report*

… 꼼꼼한 사회 선생 유진은 중학교 첫 수업에서 학생들에게 과제를 내준다. 세상을 좀더 나은 모습으로 변화시키기 위해서 스스로 어떤 실천을 할 것인지 계획하라며, 이를 실천한 결과로 수업평가를 하겠다는 것이다. 트레버는 이 숙제에 대해 곰곰이 생각하다가 '사랑나누

슈퍼리더십 :
모두와 더불어 꿈을 현실로 만드는 슬기

기' 캠페인을 떠올린다. 사랑이 담긴 선행을 세 사람에게 실천할 것, 그리고 이 도움을 받은 사람 역시 세 사람을 선택해 동일한 선행을 베풀도록 하는 피라미드식 사랑나누기 캠페인. …

(국민일보 2002. 7. 26)

⋯► 위 글은 영화 〈아름다운 세상을 위하여 *Pay it forward*〉를 소개하는 내용입니다. 많은 사람을 리드해야만 슈퍼리더가 되는 것이 아닙니다. 단 한 사람이라도 제대로 끝까지 리드한다면 '내가 원하는 세상'이 될 수 있습니다.

뒤에서 이끄는 리더가 되라

타만 시스와 리더십 스쿨의 교육이념

▷ 수와르디

1945년 인도네시아*Indonesia*가 네덜란드*Netherlands*로부터 독립하면서 초대 문교부 장관이 된 키 하자르 데완타라*Ki Hajar Dewantara*는 독립운동의 지도자로서 일찍이 타만 시스와*Taman Siswa*라는 리더십 학교를 세워 국민들의 독립정신을 일깨우는 데 앞장섰었습니다. 원래 그의 본명은 수와르디*Suwardi*였지만 타만 시스와 리더십 스쿨을 설립하면서 이름을 '키 하자르 데완타라'로 바꾸었습니다. 이는 '교육을 통하여 독립정신을 일깨우는 사람'이라는 뜻입니다.

그가 설립한 타만 시스와 스쿨은 인도네시아의 어린이들에게 지식, 자신감, 셀프리더십, 가족과 공동체와 국가에 대한 의무감 등을 고취하는 곳이었습니다. 그 스쿨은 네덜란드 당국으로부터 많은 핍박을 받았지만 데완타라는 끝내 굴하지 않았고 스쿨을 전국으로 확산시켜 나갔습니다.

타만 시스와 스쿨은 '교사는 통제자가 아니고 안내자(파몽 : Pamong), 즉 리더이며 교육시스템은 자기개발 안내소(아몽 : Among)다' 라는 교육이념을 가지고 있습니다. 교사인 파몽이 리더로서 지켜야 할 교육의 원칙은 다음의 세 가지입니다.

1. 앞에 선 교사는 시범을 보여라

학생들이 보고 그대로 따라할 수 있도록 역할 및 행위를 보여주어라. 파몽은 학생들의 후원자로서 리더의 모습을 보여주어야 한다. 파몽은 미래의 인도네시아를 이끌어갈 영웅들이 삶의 가치와 의미를 학습할 수 있도록 이끌어주는 사람이다.

2. 가운데 선 교사는 분발을 촉진시켜라

학생들이 각자 자기의 목적을 달성할 수 있도록 마음을 뜨겁게 해주고 용기를 북돋아라. 파몽은 아쉬라마스*ashramas*라는 기숙사에서 학생들과 함께 기거하며 성취에 대한 열망을 강화시켜라.

3. 뒤에 선 교사는 위험할 때만 거들어라

학생들에게 스스로 성장할 기회를 주어라. 파몽은 꼭 필요할 때만 도움을 주어라. 학생들이 큰 위기에 봉착하지 않는 한 파몽은 학생들이 하는 일에 일체 간섭을 하지 말라.

리더는 행렬의 제일 앞에서 시범을 보여주고, 중간으로 옮겨가서 각자가 스스로를 리드해나갈 수 있도록 용기를 주고, 연이어 제일 뒤로 옮겨가서 모두가 셀프리더십을 발휘할 기회를 주어야 한다는 것입니다. 위 세 가지 원칙 중에서도 데완타라가 가장 강조한 부분은 세번째 원칙이었습니다. 뒤에서 지켜보다가 위험할 때만 약간 거드는 이유는 그래야 학생들이 제대로 성장할 수 있기 때문입니다. 이 원칙은 인도네시아 문교부의 표어가 되기도 했습니다.

데완타라는 타만 시스와 스쿨에서 가정과 공동체를 이끌어갈 수 있는 결단과 능력을 갖춘 셀프리더들을 육성함으로써 이를 독립과 국가 재건의 초석으로 삼고자 했습니다. 데완타라는 자기 조국을 영웅적 셀프리더들의 왕국으로 건설하기 위해 헌신한 슈퍼리더였습니다.[33]

슈퍼리더로서 다른 사람을 이끌 때 처음부터 끝까지 모든 것을 간섭하고 가르치려 할 필요는 없습니다. 일단은 모범을 보인 다음에 따라 할 수 있도록 분위기를 조성해준 후에는 뒤에서 지켜보는 여유가 필요합니다. 성장할 기회를 주고 뒤에서 지켜보다가 위험하다 싶을 때에만 손을 내미는 것이 가장 현명한 슈퍼리더의 방법입니다.

❦ 당신의 생각은?

— 예시를 참고하여 자신만의 문장으로 완성하십시오.

리더는 꼭 선두에 서서 다른 사람들을 이끄는 사람이 아니다. 뒤에서 밀어주는 리더도 훌륭한 리더다. 때로는 앞에서 끌어주는 것이 아니라 뒤에서 밀어주는 쪽이 더 강력한 리더십 에너지를 발휘한다. 내가 책임자 또는 감독자가 된다면 _____

_____

_____

예1) 나는 대열의 맨 뒤에 있다가 힘에 부쳐하는 대원에게 슬쩍 다가가 자연스럽게 말을 걸며 어깨를 빌려줄 것이다.

예2) 자신의 재능을 자각하지 못하는 사람들을 뒤에서 눈여겨보고 있다가 결정적인 순간에 그 분야에 대한 열정을 불어넣어주고 그 길로 나갈 수 있도록 서포트해줄 것이다.

예3) 마음이 약해서 항상 다른 사람에게 치이면서 사는 사람이 있으면 그 사람이 스스로 모든 상황을 당당하게 헤쳐 나갈 수 있도록 지켜보다가 결정적인 위기가 오면 옆에서 도와줄 것이다.

★ 리더십 리포트 *Leadership Report*

글을 잘 짓는 시골 여고생, 그 재능을 알아보고 대학등록금을 마련해
준 담임선생님. 이들의 수채화 같은 남녘의 이야기가 마침 꽃망울을
터뜨린 노란 산수유처럼 곱다. … 실의에 빠진 김양에게 도움의 손길
이 다가왔다. 김양의 천부적 문학 소질을 지켜봤던 전 담임 김영진 교
사(33·여·가람중)가 그의 딱한 사정을 전해 듣고는 자신의 이사비용
으로 모아뒀던 3백만 원을 선뜻 내놓은 것이다. 공교육이 무너지고 사
제간의 정이 메말랐다고 하는 요즘, 믿기 힘든 선생님과 제자의 관계이다. …

(경향신문 2003.3.8)

⋯ 슈퍼리더란 사람들을 앞에서만 이끄는 사람이 아닙니다. 조용히 뒤에서 관찰할 줄
아는 미덕을 지닌 사람이 슈퍼리더입니다. 뒤에서 지켜보고 바라보고 있다가 어려
움이 있을 때 돌봐주고 코치해주는 사람, 그런 사람이 바로 슈퍼리더입니다.

새처럼 먹고
코끼리처럼 쏟아내라

정보화시대에 맞는 식이요법

  흔히 '새처럼 먹는다'고 하면 거의 먹지 않는다는 의미로 받아들입니다. 하지만, 사실은 그 반대입니다. 새들은 그 덩치에 비해서는 가장 많이 먹는 동물일지도 모릅니다. 체구에 비하면 새는 소위 '위대胃大'한 동물 중에 하나입니다. 새 중에서도 가장 위대하다고 알려진 벌새는 매일 자기 체중의 절반에 해당하는 식사를 합니다. 체중 70kg인 사람이 하루에 35kg을 먹는다고 상상해보십시오. 얼마나 끔찍한 일입니까?

  먹는 데는 새가 챔피언이지만 쏟아내는 데는 또 코끼리를 따를 자가 없습니다. 코끼리는 하루에 75kg 정도를 쏟아낸다고 합니다. 한국인의 평균체중을 60kg이라고 볼 때 이는 사람의 체중도 넘어서는 무게입니다. 상상이 됩니까?

최근 건강에 대한 관심이 높아지면서 '적게 먹고 많이 움직여라' 라는 말을 많이들 합니다. 그러나 그건 어디까지나 아날로그시대의 건강관리 비결이었을 뿐입니다. 디지털시대엔 디지털시대에 맞는 식이요법이 따로 있습니다. 지금은 '새처럼 많이 먹고 코끼리처럼 많이 쏟아내야' 하는 시대입니다. 단, 여기서 말하는 것은 밥이 아니라 정보입니다.

벌새는 날아다니면서, 걸어다니면서 먹습니다. 결코 나중에 먹기 위해 먹을거리를 저장해두지 않습니다. 어떤 사람은 누군가로부터 책이나 잡지, 또는 웹사이트를 추천받고 나서 48시간 내에 읽지 않으면 영원히 그것을 읽지 않게 된다고 했습니다. 이는 또 다른 읽을거리, 아니면 더 나은 볼거리가 끊임없이 생기기 때문이라고 합니다. 먹을거리는 손에 잡혔을 때, 식기 전에 먹어치워야 합니다.

둠 Doom이라는 게임을 공급하는 아이디소프트웨어 Id Software 사는 사용자로 하여금 자유롭게 무기류, 공격 표적, 사운드, 전투장면 등을 게임에 새로 추가, 도입할 수 있게 만들었습니다. 즉 게임에 대한 사용자의 참여도와 관여도를 극대화한 것입니다. 그 결과 게임이 현저히 재미있어졌을 뿐 아니라 추가된 게임 내용을 실행하는 데 필요한 기기를 만든 사람들은 '둠이 최고'라고, '둠을 사라'고 여기저기서 목소리를 높였습니다. 직접 게임의 제작에 참여하게 되었기 때문에 그만큼 제품에 애정이 가고, 그 제품을 신뢰하게 되었다고 볼 수 있습니다. 셀프리더들에게 더 많은 정보를 주고 더 널리 퍼뜨리는, 코끼리보다 더 많이 쏟아내는 일이야 말로 슈퍼리더들의 책임이며 역할입

슈퍼리더십 :
모두와 더불어 꿈을 현실로 만드는 슬기

니다.

코난 만화 캐릭터로 유명한 마블필름 *Marvel Films* 의 대표작가 존 부세마 *John Buscema* 와 스탄 리 *Stan Lee* 는 최근 《How to Draw Comics the Marvel Way》라는 책을 내놓았습니다. 그들은 책이 출간되기 전에 전체내용을 인터넷에 공개했습니다. 그들은 인터넷에 '우리 스타일을 카피하는 절호의 찬스입니다. 이 만화를 무료로 카피하세요' 라는 문구를 올렸습니다. 출판계의 통념으로 보면 이건 거의 자살행위와 다름없는 행동이었습니다. 내용을 미리 다 보여주면 사람들이 책을 사지 않을 게 뻔하기 때문입니다. 그러나 결과는 예상과는 정반대로 나타났습니다. 책은 날개 돋친 듯 팔려나갔습니다.[34]

여러 사람과 힘을 합쳐 꿈을 현실로 만들려는 사람, 즉 슈퍼리더는 다른 사람과 정보를 공유해야 합니다. 그리고 그들이 철저한 정보독해력으로 무장할 수 있도록 도와야 합니다. 이것이 바로 다른 사람들을 셀프리더로 성장시키는 효과적인 방법입니다. 슈퍼리더는 새처럼 많이 먹고, 코끼리처럼 많이 쏟아내야 합니다. 코끼리 같이 쏟아낸 정보를 팀 내의 셀프리더들은 새처럼 받아들이고, 또 그들도 코끼리처럼 쏟아냅니다. 이렇게 정보의 선순환이 이루어지는 가운데 목표지점으로 가는 길은 더욱 가까워집니다.

🎵당신의 생각은?

― 예시를 참고하여 자신만의 문장으로 완성하십시오.

정보는 나눌수록 그 가치가 높아지기 때문에 내가 가진 것을 나눈다고 해서 손해 보는 것이 아니다. 또, 정보의 공유 없이는 비전의 공유도 불가능하다. 말 그대로 새처럼 먹고 코끼리처럼 쏟아내기 위해서 나는 _____

_____

예1) 내가 읽은 책의 요지와 시사점을 A4 두 장 분량으로 정리해서 관련된 모든 사람에게 보내줄 작정이다. 또, 그런 클럽도 만들어보고 싶다.

예2) TV의 심층토론 프로, 주요 일간지의 연중 기획기사, TV특강, 주간지와 월간지, 인터넷 신문 중 어느 하나도 놓치지 않고 먹어치울 것이다.

예3) 나의 전문분야와 관련하여 내가 알고 있는 모든 지식이나 정보를 나의 홈페이지에 올려서 많은 사람들이 이용할 수 있도록 하며, 특별한 질문이나 도움을 요청해오면 최대한의 성의로 대한다.

🎵리더십 리포트 *Leadership Report*

'구텐베르그 프로젝트(promo.net)'라는 게 있다. 1971년 미국의 마이클 하트라는 사람이 발의한 이 운동은 저작권에서 자유로운 책들을 자원봉사자들의 도움으로 전산화한 뒤 인터넷에 올리는 운동이다. 지난해 말까지 온라인화돼 올라온 책들은 2천 권에 육박하며, 한달 평균 32개씩 올라오고 있다. 구텐베르그 프로젝트는 올해부터 당장 초·중·고교에서 정보통신기술 활용교육을 해야 할 국내 현실에서 시사하는 게 많다. 무엇보다 부족한 내용 문제를 해결할 수 있는 실질적인 방법을 제시한다.

… 물론 대부분의 교사들은 아직까지 정보공유에 대한 개념이 없다. 있다하더라도 나눠쓰기를 꺼린다. 같은 학교 내 일부 교사들 간에, 또는 교사동호회원 사이에 일부 정보공유가 이뤄지고 있는 게 전부다. 자신들이 가지고 있는 자료들의 중요성을 인식하지 못하고 그저 하찮은 것이라고 생각하거나, 자신이 애써 개발한 자료들을 남들에게 거저 줄 수 없다는 정보 독점욕 때문이다. …

(한겨레 2001. 2. 3)

⋯▸ 정보화시대, 디지털시대에는 그 시대에 알맞은 식이요법이 따로 있습니다. 아직까지 '정보공유'에 대해 부정적인 시각을 가지고 있다면, 무엇이 공동의 발전을 위해 가장 좋은지를 기준으로 생각해보십시오. 모두에게 이로운 것이 가장 올바른 것입니다.

새처럼 먹고 코끼리처럼 쏟아내라

Dash & Withdraw :
거리와 강약을 적절히 조절하라

카이로스를 잡아라

　많은 사람들이 리더는 타인에게 약간 신비로운 존재로 비춰져야 한다고 생각합니다. 신비로운 존재란 보통사람보다 조금 높은 위치에, 약간 떨어진 곳에 머무르는 사람을 말합니다. 대통령 재임시절 닉슨은 측근에게 "사람들은 리더가 자기들보다 약간 더 크기를 바랍니다. 그렇지요?"라고 이야기한 적이 있다고 합니다. 닉슨은 그리고 나서 "사람들과 조금 떨어진 곳에 있어야 권력이 발산될 수 있다"고 말했습니다.

　그는 용의주도한 정치인이었기 때문에 과잉노출의 위험을 잘 알고 있었습니다. 그리고 자신을 너무 숨기기만 하는 것 또한 좋지 않다는 것을 잘 알고 있었습니다. 그래서 항상 군중과 일정한 거리를 유지하면서도 때때로 군중과 함께 사진을 찍고 그들과 친밀하게 산책을 하는 모습도 보여주었습니다. 이는 군중과의 거리를 조정함으로써 리더

슈퍼리더십 :
모두와 더불어 꿈을 현실로 만드는 슬기

로서 이미지를 더욱 강력하게 하기 위한 하나의 전략이었습니다.

정치인을 포함한 인기인들의 접근―분리 전술은 신약성서에 기록된 예수 그리스도의 스타일을 모방한 것인지도 모릅니다. 물론 예수 그리스도의 경우, 이 행동은 계산된 것이었다거나 의도한 것은 아니었습니다. 그의 행동은 오직 자신의 사명을 당당히 나타내기 위한 것이었습니다. 그럼에도 불구하고 그는 절묘한 접근―분리의 방식으로 슈퍼리더십을 완성했습니다.

생면부지의 어부에게 다가가서 "나를 따르라"고 말할 정도로 자기 주장을 강력하게 펴는가 하면 어떤 때에는 지나치다 싶을 정도로 과묵했습니다. 그는 쌀쌀맞다고 할 정도로 명료하게 말을 하는가 하면 어떤 때에는 사람들을 어리둥절하게 하는 짧은 이야기 속에 진리를 감추었습니다. 자연스럽게 군중들과 뒤섞이면서도 또 어떤 때는 핵심 측근들 속으로 유유히 사라지곤 했습니다. 때로는 핵심측근들마저 멀리했습니다. 그러나 이는 단순히 일정한 거리를 유지하기 위해서 계산하고 한 행동은 아니었습니다.[35]

그가 결정적인 말 한 마디만 하면 군중들은 그를 위해 어떤 일이건 해치울 만반의 준비가 되어 있었습니다. 그만큼 그의 영향력은 압도적이었습니다. 사람들은 민중봉기를 일으킬 준비도 완료했었습니다. 그런데 이렇게 분위기가 고조될 즈음이면 그는 사라지거나 엉뚱한 일을 해서 김을 빼는 듯 보였습니다. 군중들은 그를 왕으로 옹립하기를 원했지만 그는 내면의 소리를 듣기 위해, 초자연적인 묵시의 빛을 보기 위해 한 걸음 물러서 조용한 곳으로 향했습니다.

그는 사람들이 자기를 의사나 무당, 혹은 빵 문제를 해결해주는 사람이나 정치지도자로 여기는 것을 원치 않았습니다. 다만 그들 모두가 셀프리더, 슈퍼리더로 자라나기를 원했습니다. 그래서 그는 군중 속을 걸으면서 이야기도 하고 병을 고쳐줄 때도 있었지만, 군중에게서 멀리 떠날 때도 있었던 것입니다.

군중과 제자들을 떠나 홀로 있을 때 그는 자기내부의 힘을 인식하며 내면에서 들려오는 조용한 음성에 귀를 기울였습니다. 그렇게 하면서 스스로를 재정립했습니다. 조용한 곳에서 자신의 선택과 행동을 되돌아보며 지나간 일의 잘잘못을 조명해보고 중요한 것과 덜 중요한 것, 급한 것과 덜 급한 것을 분간해 중요하고 급한 것에 집중할 준비를 했습니다.

그러나 너무 오래 혼자 있지는 않았습니다. 그러면 더 이상 리더가 아니기 때문입니다. 적절한 시기에는 항상 군중 속으로 되돌아왔습니다. 그는 군중과 제자들을 완벽한 셀프리더와 슈퍼리더로 육성하는 데에 필요한 영감, 재충전된 활기찬 정신을 가지고 언제나 사람들 속으로 돌아오곤 했습니다.

시간에는 자연적 시간과 역사적 시간, 그리고 결정적 결단의 시간 (카이로스 *kiros*)이 있습니다. 예수는 군중 앞에 나와서 자기주장을 펴야 할 때와 군중과 분리되어 있을 때를 정확히 분간했습니다. 그리고 기다려야 할 때와 행동해야 할 때를 명확히 알았습니다. 나타났다가 사라지고, 강하다가 부드럽고, 전진하다가 후퇴하는 등 강약을 조절할 줄 알았으며 과묵하지만 말할 때는 주저함이 없었고 끝까지 참지만 카이로스를 놓치지 않았습니다. 이것이 인류 역사상 가장 많은 셀프리더와 슈퍼리더를 배출한 최고의 슈퍼리더가 보여준 모습이었습니다.

모든 것에는 그에 딱 맞는 타이밍이 있습니다. 강약, 진퇴 등의 적절한 때를 알고 행동해야 사람들을 이끌 수 있습니다. 슈퍼리더라면 카이로스를 잡을 줄 알아야 합니다.

✄ 당신의 생각은?

— 예시를 참고하여 자신만의 문장으로 완성하십시오.

자기주장을 펴야 할 때와 침묵할 때를 정확히 분간하고 기다려야 할 때와 행동해야 할 때를 명확히 아는 것. 나타났다가 사라지고, 강하다가 부드럽고, 전진하다가 후퇴하는 등 강약을 조절할 줄 아는 것. 과묵하지만 말할 때는 주저함이 없고 끝까지 참지만 카이로스를 놓치지 않는 것. 이것이야말로 리더의 진면목이다. 나는 _____

_____

예1) 다른 사람이 괜시리 시비를 건다 싶어도 한두 번은 참을 수 있다. 그리고 '저 사람이 나에게 왜 그러나. 내가 뭔가 잘못했나'를 곰곰히 생각한다. 하지만 세 번째도 그러면 참지 않고 그에게 직접 그 이유를 따져 물을 것이다.

예2) 아이에게 당장 숙제를 하라고 소리 지르고 싶어지면, 그냥 가까이 가서 머

리를 한 번 쓰다듬고 지나가는 말로 오늘 할 일은 다 했냐고 웃으면서 물어봄으로써 그 말을 들은 아이가 스스로 숙제를 시작하게 만들 것이다.

예3) 내가 속한 집단에서 온당치 않은 일이 벌어진다면, 당장 따지지 않고 혼자서 곰곰이 생각해보고 정리한 후에 논리적으로 설명할 것이다. 다짜고짜 감정적으로 대응하지 않는 습관을 기를 것이다.

❧ 리더십 리포트 *Leadership Report*

지혜로운 사람은 나설 때와 물러날 때를 가릴 줄 알아야 한다. 그러나 진퇴할 때를 가려낼 줄 안다 해도 보통사람들은 그대로 실천에 옮기지 못한다. 대단한 용기가 있어야 한다. 높은 자리일수록 더욱 더 그렇다. 그래서 인자는 용퇴할 줄 알아야 한다고 공자도 말했다. 어느 일에서나 타이밍이 중요하다. '올바른 순간을 포착하는 것이 올바른 사람이다.' 괴테의 말이다. …

(조선일보 1990. 7. 6)

⟶ 어떤 일이든지 시기적절한 때가 있습니다. 물러서고 나설 때를 아는 것은 슈퍼리더에게 빼놓을 수 없는 덕목입니다. 상대방을 셀프리더·슈퍼리더로 이끌기 위해서는 어떤 때에 어떻게 해야 하는지 진지하게 고민한 후 행해야 합니다.

보살피고 격려하라

꿈 펴주는 작은 손

"어…? 선생님!!"

"그래, 너 오랜만이구나. 얼굴 보기 되게 어렵구나! 도대체 이게 몇 달 만이야?" "어머님, 세수 대야는 어디에 있어요?"

"글쎄…. 우물가에 있겠죠."

"너 이리 와봐. 나하고 같이 세수부터 하고 이야기 좀 하자."

선생님은 부엌으로 들어가시더니 미리 끓여놓은 물을 한 바가지 퍼 들고 나오면서 아이의 손을 막무가내로 끌고 우물가로 향했습니다. 아이는 사실 날씨가 워낙 춥고 집안 사정도 어수선해서 며칠씩 세수를 안 하고 지내기가 일쑤였습니다. 당연히 손등과 목덜미에는 까만 때가 덕지덕지 붙어 있었습니다.

선생님은 소매를 걷고 연신 더운 물을 떠오면서 아이의 손과 얼굴, 그리고 목덜미의 때까지 모두 깨끗이 벗겨내고는 머리를 감겼습니다.

그리고 아이와 어머니 옆에 앉아 집안 사정을 자세히 물었습니다. 이야기를 끝내고 일어서면서 선생님은 아이의 머리를 쓰다듬으며 이렇게 말했습니다.

"씻겨 놓고 보면 이렇게 미끈한 신사인데, 너무했었다. 사람은 어려울수록 내색을 하면 못쓰는 법이란다. 넌 반드시 나중에 훌륭한 사람이 될 거야. 이건 정말이야. 나중에 반드시 내 말이 생각날 거다."

다음날, 아이는 여느 때와 마찬가지로 학교에 갔습니다. 2교시가 끝나고 담임선생님은 늘 하시던 대로 아이들의 이름을 부르기 시작했습니다. 이는 월사금을 내지 않아 집에 가서 월사금을 가지고 와야 하는 아이들의 명단이었습니다. 집에 다녀온다고 없는 월사금이 생기는 것은 아니었지만 그것은 학교 일과의 중요한 한 부분이었습니다.

매일 불리던 이름들이 다 불렸는데 아이는 자기 이름만 빠지자 의아한 눈초리로 담임선생님을 쳐다봤습니다. 담임선생님은 왜 그러는지 알겠다는 듯이 빙긋 웃더니 다음과 같이 말했습니다.

"넌, 어제 너희 교회선생님이 오셔서 다 내고 가셨다."

학교가 파하고 아이는 곧장 집으로 가지 않고 동네 어귀에 가서 완전히 캄캄해질 때까지 누나를 기다리며 놀았습니다. 누나와 함께 집으로 돌아가 밀기울 수제비국을 먹으면서 그날 학교에서 있었던 일을 이야기했습니다.

"어, 어제 와서 누가 월사금을 다 내고 갔다고 그러던데?"

아이가 그렇게 말하자, 누나도 말했습니다.

"그래? 내 것도 다 냈다고 그러던데, 엄마?"

아이들의 말에 엄마는 놀랄 수밖에 없었습니다.

"반년도 넘게 밀려 있었을 텐데…."

그 후로도 선생님은 아이를 만날 때마다 따뜻한 말을 잊지 않았고 오며가며 틈만 나면 아이의 집에 들러 소식을 묻곤 하였습니다. 이는 지금으로부터 44년 전, 강원도 춘천 시에서 있었던 일입니다. 아이는 한 순간도 선생님의 인자한 미소를 잊을 수가 없었습니다. '나도 선생님 같은 사람이 되어야지' 하는 결심을 수도 없이 반복했습니다.

당시 대학생이었던 그 선생님의 이름은 이혜숙, 그 아이(강헌구)는 자라서 지금 이렇게 눈시울을 붉히며 글을 쓰고 있습니다. 선생님은 가냘픈 대학생이었지만, 한 소년이 셀프리더로 성장하고자 하는 결의를 다지게 한 조용한 슈퍼리더였습니다. 슈퍼리더는 타인의 미래, 셀프리더로 성장해가는 길에 중대한 영향을 끼칩니다. 이렇게 볼 때 가르치는 모든 사람은 모두가 다 탁월한 슈퍼리더여야 합니다.

사회가 대중화되고 정보화되어 사람끼리의 접촉이 뜸해지는 시대일수록 이웃을 보살피고 이끌어주는 슈퍼리더들은 더 많이 필요할 것입니다.

🎔 당신의 생각은?

— 예시를 참고하여 자신만의 문장으로 완성하십시오.

꼭 커다란 가르침이 있어야만, 강한 메시지를 전달해야만 슈퍼리더가
되는 것은 아니다. 본문의 교회선생님처럼 조용하고 잔잔하게 곁에서
보살피고 격려하는 리더십으로도 타인을 효과적으로 리드할 수 있다.
나도 누군가에게는 그러한 리더십을 발휘하기 위해 _____

_____

_____

예1) 고아원을 찾아가서 한 아이와 지속적인 관계를 맺을 계획이다.

예2) 신입생이 입학할 때마다 한 명을 택해서 내 연구실을 정리정돈하는 아르
　　　바이트를 시킴으로써 계속 유대감을 가지고 살 생각이다.

예3) 일주일에 한 번씩 집 근처의 소년 가장을 찾아가서 함께 목욕을 하며 그의
　　　이야기를 들어줌으로써 그들이 용기를 잃지 않도록 이끌어줄 생각이다.

🎔 리더십 리포트 *Leadership Report*

… 닫힌 사람들의 마음속으로 한 가닥 색소폰 소리가 깃털처럼 내려
앉기 시작했다. 푸른 경찰복을 입은 최동규 경감(51 · 인천강화경찰서
방범교통과장)이 금빛 색소폰을 연주하고 서 있다. … 이내 유치장 안
의 거칠던 숨결은 잦아지고 콧물을 훌쩍이는 소리가 여기저기서 들려

온다. 한 줄기의 선율이 창틀의 먼지를 닦아내듯 그들의 마음을 씻어
낸다. 거칠고 강퍅해진 마음의 빗장이 풀리자 최경감은 경찰인 그가
왜 유치장에서 색소폰을 연주하는지, 죽음의 순간에서 어떻게 새 삶
을 얻었는지에 대해 이야기를 건넨다. 그가 10년 넘게 해온 일이다.
그동안 교도소에 송치된 후 '그때 최 경감님을 만나지 않았다면 이런
따뜻한 세상이 있다는 것을 알지 못했을 겁니다' 라는 편지를 보내는
사람, 출소 후 찾아오는 사람들의 발길이 끊이지 않았다. …

(국민일보 2002. 5. 6)

⋯▸ 어떤 사람이 마음의 빗장을 풀고 올바르게 서겠다는 다짐을 하게 만드는 것은 위대
　　하고 강한 힘이 아닙니다. 오히려 세심하고 조용한 힘이 그것을 가능케 합니다. 누군
　　가를 리드하려고 하는데 어디서부터 이렇게 시작이야 할지 잘 모르겠다면 일단 그
　　사람에게 애정을 가지고 용기를 북돋아 주십시오. 이 조용한 리더십 안에서 그 사람
　　이 꿈이 싹트기 시작할 것입니다.

끝까지 포기하지 않는
멘토가 되어라

희망의 불씨를 지키는 파수꾼

나섬의 집(수원소재, 이하 '나섬', 또는 '집'으로 줄여 표기) 대표 김성환 목사의 꿈은 '불우한 환경으로 인해 희망의 날개를 접어야 하는 청소년이 없는 세상'을 만드는 것입니다. 2000년 3월 중순 나섬에 순철이라는 학생이 들어왔습니다.

순철이는 인터넷게임 스타크래프트 *Star Craft* 에 있어서는 발군의 실력자였습니다. PC방 모니터 앞에 있을 때는 방실거리다가도 PC방만 벗어나면 고개를 숙인 채 말이 없어집니다. 누군가와 이야기할 기회가 있으면 자기는 프로게이머 *Pro Gamer* 가 되겠다고 말했고, 그 순간만은 눈이 반짝였습니다.

순철이가 나섬에 온 것은 고등학교 1학년 초기였습니다. 어머니는 오래 전에 아버지와 다투고 집을 나갔다가 그 길로 교통사고를 당해 세상을 떠났고, 형은 순철이가 중학교 1학년 때 가출했습니다. 고등학

슈퍼리더십 :
모두와 더불어 꿈을 현실로 만드는 슬기

교에 입학한 지 일주일 만에 집이 불타버렸고 아버지는 알코올 중독으로 요양원에 들어갔습니다. 그래서 혼자 몸에 떠돌이 신세가 되었기 때문에 나섬으로 오게 된 것입니다.

순철이가 나섬에 올 무렵에는 스타크래프트에 이어 '리니지Lineage'의 시대가 열리고 있었고 게임은 청소년들에게 있어 하나의 종교가 되고 있었습니다. 게임을 잘하는 아이는 영웅대접을 받았고 프로게임단이 등장하는가 하면 프로게이머를 홍보하는 프로그램과 게임실황이 텔레비전에서 방영되기 시작했습니다. 게다가 '누구나 한 가지만 잘하면 된다'는 말에 순철이도 초고수 게이머가 되고 싶어 안달을 했습니다.

그러나 나섬에는 아버지보다 더 무섭고 지겨운 김 목사가 있었습니다. 순철이는 나섬에서 단 한 번도 마음을 열지 않았습니다. 그럴 필요를 못 느꼈기 때문입니다. 그는 비행소년도 아니었고 사법시설 출신도 아니었습니다. '내가 왜 이런 아이들과 함께 있어야 하나, 나는 죄도 짓지 않았는데…'라는 차별의식이 있었던 겁니다.

순철이는 집(나섬)에 있을 때에는 무슨 일을 하는지 알 수 없을 만큼 조용했고 말썽도 부리지 않았습니다. 말썽을 부리면 게임을 하는 데 지장이 있다고 생각했기 때문에 죽어지내면서 게임대회가 열리기만을 학수고대했습니다.

그러던 와중에 가슴 미어지는 일이 벌어졌습니다. 순철이 아버지가 요양원을 빠져나와 배회하던 중에 뺑소니 트럭에 부딪혀 그만 즉사한 것입니다. 거기다가 형이 아버지의 사망 보상금을 받아서 탕진하고 말았습니다. 아버지 장례식에 다녀온 이후 순철이는 더욱 혼란스러워했고, 그럴수록 게임에 빠져들었습니다. 그때부터 '막가기' 식의 이탈이 시작됐습니다. 게임에 불붙은 다른 아이들도 순철이를 따라 뛰쳐나가기 시작했습니다. 아이들이 도깨비 공처럼 이리저리 튀는 바람에 김목사와 교사들은 도무지 손을 쓸 수가 없었습니다. 어쨌든 그렇게 다투고 어르고 또 부둥켜안고 한 해를 보냈습니다.

그러던 어느 날, 김 목사는 그 날도 학교에 가지 않고 이틀째 집에도 들어오지 않은 채 PC방에서 게임에 빠져 있던 순철이를 찾아 집으로 데리고 왔습니다. 밤 12시경에 집에 돌아온 순철이는 화장실에서 돈을 감추다가 들통이 났습니다. 리니지 아이템과 캐릭터를 판매한 돈이었습니다.

김 목사는 너무나 화가 나서 "손등을 내리치겠다. 다시는 게임을 못하게 만들겠다"라며 결연히 말했습니다. 순철이는 김 목사의 표정에서 이 말이 단순한 으름장이 아니라는 것을 직감했지만, 두 시간여 만에 탁자 위에 손을 올려 놓을 수밖에 없었습니다. 김 목사는 진짜 내려칠 수밖에 없다는 듯이 "이렇게 해서 미안하다. 다 너를 위해서다"라고 말하고 순철이에게 눈을 감으라고 말했습니다. 눈을 찡그리고 고개를 숙인 채 부들부들 떨던 순철이는 한순간 큰 소리로 울음을 터뜨리고 말았습니다. 김 목사가 '이제 됐다'라며 용서했기 때문입니다.

그로부터 일주일이 지난 크리스마스 이브, 순철이가 친구들과 어울려 PC방에서 또 게임을 하고 있다는 사실이 김 목사에게 알려졌습니다. 김 목사는 불과 일주일 전에 용서해줬는데, 그새 자신을 배신한 순철이에게 분노가 치밀었습니다. 그날, 순철이는 동생들 앞에서 매를 맞았고 자정 즈음에는 비탄의 눈물을 흘려야 했습니다.

그날 이후로 순철이는 거의 풀이 죽어 있는 모습이었습니다. 일주일 후 송구영신 파티 자리에서 나섬 가족들은 모두 한자리에 모였습니다. 그리고 새해를 맞이하여 서로 돌아가며 한 사람 한 사람을 끌어안고 격려하는 시간을 가졌습니다. 순철이의 물기 가득한 눈동자가 붉게 충혈되었지만, 여전히 풀이 죽어 있었고 굳게 다문 입은 열릴 줄을 몰랐습니다.

순철이는 새해 초에 리니지에 관계되는 물품들을 모두 소리 없이 처분했습니다. 그리고 학교에서 돌아오면 나섬 상담실에서 따로 공부도 했습니다. 몇 달이 지나면서 교사들은 김 목사에게 한목소리로 말했습니다.

"새해 들어 순철이가 많이 달라졌어요!"

지난 2002년 7월에 김 목사는 느닷없는 문자 메시지를 한 통 받았습니다.

'지금 공부하고 있어요. 쉬는 시간이에요.'

문자에 '아버지'라는 글자는 보이지 않았지만 김 목사의 귀에는 자신을 그렇게 부르는 순철이의 목소리가 들리는 것 같았습니다.

다투고 어르고 부둥켜안고 함께 호흡하면서, 상처받은 영혼들을 치유해주고 가능성의 세계로 안내하는 김 목사의 멘토링은 순철이, 그리고 제2, 제 3의 순철이가 희망을 포기하지 않도록 돕고 있습니다.

어쩌면 영영 꺼질 듯 하던 희망의 불씨를 김 목사는 되살린 것입니다. 뿐만 아니라 이런 와중에 김 목사 자신의 꿈, '더 이상 불우한 환경으로 인하여 젊은 꿈을 접어야 하는 청소년이 없는 세상'도 조금씩 현실로 다가오고 있습니다. 리더십은 꿈을 현실로 만드는 아름다운 마법입니다. 그 마법은 많은 사람이 같은 길을 갈 수 있도록 만드는 놀라운 힘을 가지고 있습니다.

당신의 생각은?

— 예시를 참고하여 자신만의 문장으로 완성하십시오.
순철이에게 김 목사가 했던 것처럼 끝까지 믿어주고 포기하지 않으면 결국에는 스스로 자신의 길을 걷게 된다. 지금 나에게도 끝까지 포기하고 싶지 않은 사람이 있으며 어떤 식으로든 그가 자신의 길을 헤쳐나갈 수 있도록 돕기 위해 노력할 것이다. _____

_____

_____

_____

예1) 그는 새로운 사람을 만나는 자리를 어려워한다. 나는 그에게 '그래, 가고 싶지 않으면 가지 마. 내가 항상 옆에 있을 게' 하는 믿음을 주기보다 왜 새로운 사람과 만나는 것을 두려워해서는 안 되는지를 끊임없이 설명할 것이다.

예2) 내 후배는 매사를 비관적으로 생각하는 습관이 있다. 나는 그녀에게 긍정적 사고로 인생을 바꾼 사람들의 이야기를 들려주면서 그녀가 모든 일에 긍정적이고 적극적으로 대처할 수 있도록 만들고야 말 것이다

예3) 친구 중에 놀음에 빠져서 도무지 헤어날 줄을 모르는 녀석이 있다. 나는 그 친구를 '될 대로 돼라' 하고 방치하지 않고 그 친구와 갈등이 생길지라도 꼭 놀음을 끊게 만들 것이다.

🎵 리더십 리포트 *Leadership Report*

… 한 가정의 실세로 인정되면서도 리더십을 가진 리더로 적극적인 의미는 부여되지 않는 어머니. 그러나 리더십을 연구해 온 KIF 회원들의 토론 과정에서 한국의 어머니들은 현대 리더십 이론들의 적극적인 실현자라는 것이 이내 드러났다. … 그러나 어머니의 카리스마는 장군들처럼 '호언장담' 이나 외면적 '박력' 에 근거를 두지 않는다. 토론자들은 "어머니의 경우 가족을 위해 어떤 상황에서든 모든 희생을 감수할 것이라는 믿음을 갖게 함으로써 추종자들(가족)의 신뢰를 이끌어내는 것" 이라고 분석했다. …

(동아일보 2002. 3. 29)

⟶ 사람들은 부딪히고 갈등을 일으키기도 하는 과정에서 서로를 이해하기도 하고 상호 간에 신뢰를 쌓기도 합니다. 갈등이 생기면 무조건 회피하려는 자세로는 나도, 그리고 다른 사람도 이끌 수 없습니다.

고결한 영혼

리더십의 영원한 다이너모

탁월한 리더가 되기 위해서는 어떤 자질을 소유해야만 할까? 우선 육체적으로는 준수한 외모와 왕성한 힘이 있어야 합니다. 그리고 지적으로는 판단력, 결단력, 지식, 달변, 상상력, 추리력 등이 필요합니다. 또 인격적으로는 책임감, 융통성, 적극성, 성실성, 재치, 포용력이 있어야 합니다. 사회적으로는 협동성, 대중성, 사교성, 외교수단이 있어야 합니다. 그리고 일에 임해서는 달성하려는 욕구, 능가하려는 욕망, 진취적인 태도 등이 요구됩니다.

물론 리더에게 이런 자질들은 모두가 중요합니다. 그러나 세상 그 어느 누가 이 모든 자질을 한 몸에 지닐 수 있단 말입니까? 설령 누군가가 이 특성들을 모두 가질 수 있다손 치더라도 이 특성들의 단순한 조합·결합으로는 왕건, 이순신, 링컨, 처칠과 같은 사람을 만들어낼 수 없습니다.

그러나 세상에는 이 모든 자질을 충족하지는 못하지만 세기의 리더라고 칭송받는 이들도 있습니다. 현대 이스라엘 *Israel* 건국의 아버지라고 불리는 벤구리온 *Ben-Gurion* 은 162㎝밖에 되지 않는 키에 불쑥 튀어나온 배, 그리고 대머리 등으로 실로 볼품없는 사람이었습니다. 그러나 그는 지금도 유태인이면 누구나 이름만 들어도 옷깃을 여밀 정도로 존경을 표현하는 인물입니다. 2차대전 후 이탈리아 *Italia* 를 재건한 데 가스페리 *De Gasperi* 는 사람들 앞에만 서면 제대로 말을 이어가지 못할 정도로 내성적인 인물이었습니다. 20세기의 가장 위대한 인물로 추앙받는 테레사 수녀도 가정 배경이나 외모, 지식 면에서는 별로 탁월하지 않다는 것이 정평입니다.

위 사람들은 앞에서 열거한 '리더의 조건' 과는 거리가 먼 사람들이었습니다. 그럼에도 불구하고 지금은 세기의 리더로 존경받고 있으며, 어찌 보면 약점이라 할 수 있는 측면들도 그들에게는 하나의 미덕인 것처럼 보입니다.

처음에 열거한 리더의 여러 가지 특성을 모두 가지고 있다고 해서 반드시 훌륭한 리더가 되는 것은 아닙니다. 다른 특성은 다 갖추었어도 어느 한 특성이 없으면 도저히 리더십을 발휘할 수 없는, 다른 특성은 별로 갖추지 못했는데 오직 하나의 특성만을 갖고도 그야말로 탁월한 리더십을 발휘할 수 있는, 그런 특성은 어떤 것이겠습니까?

위 특성들은 겉으로 나타나는 것에 불과합니다. 중요한 것은 그러한 표면적인 것을 가능케 하는 내면의 에너지입니다. 리더십에 있어 가장 중요하고 두드러지고, 가장 본질적인 특성을 고른다면 어떤 것이 있겠습니까? 리더의 내면에 꼭 있어야 하는 특징이라면 어떤 것들이 있겠습니까? 어떤 특성이 리더십의 다이너모(Dynamo : 발전기)라고 할 수 있겠습니까?

정직한 영혼

"미국이 진실을 말하던 날"

　어떤 전문가들이 4개 대륙(아시아, 아메리카, 유럽, 호주)의 2만 명에게 '당신은 어떤 사람을 리더로 믿고 따르는가?' 라는 질문을 던졌습니다. 그러고는 정직, 능력, 비전, 용기, 상상력, 결단, 포용력 등 20개의 특성 중에서 당신의 리더가 보여주기를 바라는 특성 7개를 골라보라고 했습니다. 그 결과 '정직성' 이 1위로 나왔습니다. 2만 명 중 17,600명인 88%의 사람들이 정직성을 선택했습니다. 이 조사결과에 의하면 리더는 자신을 믿고 따르게 하려면 강의실이건 공장의 생산라인이건 전쟁터건 회의실이건 먼저 사람들에게 그 자신이 정직한 사람이라는 것을 증명해야 합니다.

　그러면 사람들은 리더가 정직한지, 그렇지 않은지를 어떻게 판단할까? 조사결과에 따르면 사람들은 리더의 '행동' 을 보고 그 여부를 파악한다고 합니다. 리더들이 아무리 말로 자신의 성실성과 진실성을 강조한다 하더라도 사람들은 말이 아닌 행동으로 그것을 보여주기를 원한다는 것입니다. 정직의 판단기준은 언행일치의 여부와도 밀접하게 연관되어 있습니다. 만약 리더가 자신의 말과 어긋나는 행동을 하는 것이 발견되면 사람들은 더 이상 그를 따르지 않습니다. 믿을 수 없는 리더라고 생각하기 때문입니다. 반대로 말과 실천이 일치하면 사람들은 손해를 무릅쓰는 한이 있어도 몸과 마음을 바쳐 그 리더를 따르고 싶어합니다.[36]

그렇다면, 사람들이 왜 정직한 리더를 가장 존경하고 따르는 것일까? 그것은 아마도 미국, 유럽, 호주, 그리고 아시아 어디를 막론하고 정직한 사람이 너무나 없다는 반증일 것입니다.

정치인도, 경제학자들도 거짓말을 합니다. 경찰도, 교육자들도, 종교인들도, 부모도 모두 거짓말을 합니다. 그러면서도 자신들이 거짓말을 하고 있다는 사실을 인정하려 들지를 않습니다. 거짓말을 하고 있는 사람들뿐 아니라 그 거짓말에 농락당하고 있는 사람들까지도 그들이 하는 말이 거짓이라는 사실을 인정하지 않습니다. 그들은 자신이 속고 있다는 사실을 알면서도 그것을 밝혀내려고 하지는 않습니다. 임금님에게 '사실은 지금 벌거벗고 있다'고 말해서 이익이 될 건 하나도 없다는 심보입니다.

모든 것에 대해서 언제나 진실을 말하는 사람이 너무 없기 때문에 누군가 표리부동하지 않고, 언행일치하는 모습을 보여주면 사람들은 그를 믿고 따르게 됩니다. 표리부동한 사람은 아무리 훌륭한 리더십 기술을 구사해도 얄팍하고 속 보이는 짓으로 폄하됩니다. 아무리 말을 잘하고 비전이 넘쳐나도 진실하다고 인정받지 못하면 리더가 될 수 없습니다. 믿을 수 없는 사람은 리더가 아닙니다. 오직 정직한 영혼의 소유자만이 리더가 될 수 있는 기회를 획득할 수 있습니다.

❧ 당신의 생각은?

– 예시를 참고하여 자신만의 문장으로 완성하십시오.

그럴듯한 포장이나 입에 발린 말로 사람들의 마음을 사로잡는 리더십의 수명은 절대 오래 갈 수 없다. 뿐만 아니라 정직하지 못한 리더는 그가 속해 있는 사회나 집단에 정직하지 못한 문화를 전염시킨다. 비난 받을 수도 있는 상황에서조차 정직할 수 있는 용기, 그것을 갖추기 위해 _____

_____

예1) 나는 내 의견을 대충 얼버무려서 나중에 있을지도 모를 비난을 피해가는 말투, '~인 것 같아요', '~일지도 몰라요', '다른 사람들이 ~라고 하던대요' 등의 말투를 쓰지 않겠다.

예2) 나는 내가 결정한 선택에 대해서 당당하고, 그 결과가 좋지 못하더라도 흔쾌히 잘못을 인정하겠다. 나는 실수함으로써 성장한다. 실수를 내보이지 않기 위해 거짓말을 시작하면 그 거짓말은 끝도 없이 계속된다.

예3) 나는 정직하지 못한 사회나 다른 사람을 비난하기보다 내가 먼저 정직하

게 행동하겠다. 그것이 당장은 손해를 볼지 몰라도 궁극적으로는 나를 성장시키는 토대가 될 것이다.

리더십 리포트 *Leadership Report*

… 미국인 변호사 윌리엄 리딩스와 언론인 스튜어트 매커비가 몇 년간의 여론조사와 분석을 거쳐 올해 펴낸 책《역대 대통령 평가》는 에이브러햄 링컨을 미국의 가장 훌륭한 대통령으로 뽑고 있다. 이유는 링컨의 인간적인 진실성이 가장 앞섰기 때문이다. … "경제 대통령이든, 정치구조 개혁이든 다 좋지만 모든 리더십에는 전제조건이 있다. 바로 지도자의 진실성이다. 카리스마도 이것이 있어야 가능한 것이다. 역대 대통령은 물론 지금 나온 후보들에게서도 이런 모습을 찾아볼 수가 없다." …

(한겨레신문 1997. 9. 8)

⋯➔ 진실성이 없다면 그 어떤 찬란한 능력이 있다고 해도 모두 빛이 바랩니다. 진실하지 않다면 설사 옳은 말을 한다 해도 하나의 '쇼'에 지나지 않습니다. 진실함, 정직함은 리더십의 전제조건입니다.

선악을 분별하는 지혜

이스라엘 왕 솔로몬 : "아기를 반씩 나누어 주라"

고대 서양의 제왕들 중에 가장 현명한 왕으로 알려진 사람은 솔로몬*Solomon*이었습니다. 왕위에 오른 솔로몬의 꿈에 천사가 나타나 "내가 네게 무엇을 줄까, 구하라"라고 하자 솔로몬은 "지혜로운 마음을 주사 백성을 재판하여 선악을 분별하게 하소서"라고 대답했습니다. 그 후 솔로몬은 다음과 같은 유명한 재판기록을 남겼습니다.

> 왕이 이르되 이 여자는 말하기를 산 것은 내 아들이요 죽은 것은 네 아들이라 하고 저 여자는 말하기를 아니라 죽은 것이 네 아들이요 산 것이 내 아들이라 하는도다 하고
> 또 이르되 칼을 내게로 가져오라 하니 칼을 왕 앞으로 가져온지라
> 왕이 이르되 산 아이를 둘로 나누어 반은 이 여자에게 주고 반은 저 여자에게 주라

그 산 아들의 어머니 되는 여자가 그 아들을 위하여 마음이 불붙는 것 같아서 왕께 아뢰어 청하건대 내 주여 산 아이를 그에게 주시고 아무쪼록 죽이지 마옵소서 하되 다른 여자는 말하기를 내 것도 되게 말고 네 것도 되게 말고 나누게 하라 하는지라

왕이 대답하여 이르되 산 아이를 저 여자에게 주고 결코 죽이지 말라 저가 그의 어머니이니라 하매

온 이스라엘이 왕이 심리하여 판결함을 듣고 왕을 두려워하였으니 …[37]

솔로몬은 천사에게 돈, 권력, 인기, 지식, 건강 등을 구하지 않았습니다. 그는 오직 단 한 가지 '잘잘못을 구별할 줄 아는, 곧 참과 거짓을 구별할 줄 아는 지혜'를 구했습니다. 그는 무엇보다도 지혜를 갖고자 했으며, 궁극적으로는 고대에서 가장 현명한 임금이 되었습니다. 그렇다면 과연 무엇이 지혜일까? 지혜라는 말을 흔히들 그리고 쉽게 사용하고 있지만 막상 이렇게 물으면 제대로 대답할 수 있는 사람은 많지 않을 겁니다.

사전에 보면 지식이란 '어떤 사물에 대해 확실하게 알고 있는 것, 또는 사물에 대한 확고한 의식'이라고 되어 있습니다. 한편 지혜란 '정확하게 식별하고 판단하는 능력, 또는 적절한지 부적절한지를 구분할 수 있는 능력'이라고 되어 있습니다. 이 뜻을 보건대 엄청난 지식을 소유한 사람이라고 할지라도 지혜가 없으면 그것을 적절하게 사용할 줄 모른다는 의미가 됩니다.

소크라테스Socrates는 '지혜란 지식을 적절하게 그리고 올바르게 사용할 줄 아는 지식이다'라고 말했습니다. 범어梵語에서 지혜는 두

고결한 영혼 :
영원한 리더십의 다이너모

단어로 이루어져 있습니다. 하나는 사물을 순수하게, 사건을 있는 그대로 본다는 뜻의 'jnana'와 또 하나는 옳은 것을 선택한다는 뜻의 'prajma'입니다.

지혜와 지식은 확연히 다릅니다. 많은 지식을 갖고서도 미련하게 행동하는 사람들을 너무도 자주 보게 됩니다. 단순히 지식만 축적해서는 유능한 리더가 될 수 없습니다. 지혜는 지식을 가장 적절하게 사용할 수 있도록 하는 능력입니다. 참과 거짓을 구별하는 능력도 바른 것을 선택하는 것도 지혜입니다. 만약 리더가 지식을 적절하게 사용할 줄 모른다면 그가 아무리 박식하다 해도 그를 따르는 무리들을 옳은 길로 인도할 수 없습니다. 그러므로 리더는 지혜가 있어야 여타 다른 모든 특성을 바로 세울 수 있고, 또한 올바른 리더십을 발휘할 수 있습니다.

오늘날 온 세계에 확산되고 있는 리더십의 위기는 주로 사이비 지도자들의 현명하지 못한 결정과 행동 때문입니다. 즉 지혜롭지 못하기 때문입니다. 지혜롭지 못한 지도자는 지식을 도적질의 도구로 사용할 수밖에 없습니다. 지혜롭지 못한 자에게 지식이란 한낱 무용지물에 불과합니다. 리더에게는 지식보다 지혜가 더 필요합니다.

⚘당신의 생각은?

– 예시를 참고하여 자신만의 문장으로 완성하십시오.

솔로몬은 한 아이를 두고 둘 다 자기의 자식이라고 말하는 사건을 처리하면서 '지혜로움' 이란 무엇인지를 잘 보여주었다. 나 또한 지혜로운 결정을 내릴 수 있도록 노력할 것이다.

예1) 무엇인가를 깨닫는 것만으로는 지혜가 완성되지 않는다. 깨달은 것을 실천할 때 진정 지혜로운 자가 될 수 있기 때문에 나는 내가 알고 있는 것을 행동으로 옮기려고 노력할 것이다.

예2) 나만의 좁은 시야를 넓혀 다른 사람들의 의견을 듣고 해석하는 항상 열려 있는 태도를 취할 것이다.

예3) 틈 나는 대로 텔레비전에 나오는 역사 다큐멘터리도 보고 지혜로운 선각자들의 행적을 다룬 책들을 읽을 것이다.

⚘리더십 리포트 *Leadership Report*

… 복된 부모가 되려면 하나님의 말씀에 따라 선악을 분별해야 한다. 자기중심적으로 서로 대립하는 인간의 말을 통해서는 완전한 행위(온

전한 선악의 분별력)를 가질 수 없다. 그러므로 자녀를 바르게 키우는 복된 부모의 절대조건은 선악의 올바른 분별력이다. 이것을 갖지 못한 부모로부터 선악을 분별하지 못하는 자녀가 태어나고, 그러한 자녀는 좋은 것을 주어도 화가 되는 것이다. …

(국민일보 2000. 6. 15)

⋯▸ 선악을 분별할 수 있는 지혜가 없다면 아무리 출중한 능력을 지니고 있다고 해도 그것을 이롭게 쓸 수 없습니다. 리더는 무엇이 옳고, 무엇이 그른지 명확하게 분별해낼 수 있는 지혜를 가져야 합니다.

목숨을 거는 불굴의 용기

토머스 칼라일 : 《영웅의 역사》

▷토머스 칼라일

《영웅의 역사*On Heroes, Hero Worship, and Heroic in History*》에서 19세기 영국 문필가 토머스 칼라일 *Thomas Carlyle*은 리더의 가장 중요한 자질로 용기를 꼽았습니다. 리더의 첫번째 과제는 두려움을 정복하는 일이라고 보았기 때문입니다. 칼라일은 인간의 역사를 광범위하게 연구한 후, 역사의 주인공을 신인神人, 예언자, 성직자, 문필가, 임금 등으로 구분하고 그들이 서로간의 차이에도 불구하고 어떤 공통점을 가지고 있었는지를 연구했습니다.[38]

칼라일은 스칸디나비아*Scandinavia* 신화 속에 나오는 신인으로, 법을 제정하고 인간의 운명을 좌우한다는 오딘*Odin*을 용기의 화신으로 보았습니다. 오딘의 유일하고도 중요한 자질은 용감성이었습니다. 옛

고결한 영혼 :
영원한 리더십의 다이너모

노르웨이 *Norway* 바이킹들은 이 신화에 묘사된 오딘의 모습에서 어떻게 두려움 없이 용감히 싸우고 죽는지를 배웠다고 합니다. 비겁자는 절대 리더가 될 수 없다는 것입니다.

칼라일은 예언자 중에서는 마호메트 *Mahomet*를 영웅으로 꼽았습니다. 이슬람의 창시자 마호메트는 용감한 사람이었습니다. 마호메트는 출생 무렵 부친을 잃었고 여섯 살이 되던 해에는 모친마저 잃었습니다. 그는 장사를 하는 삼촌을 따라다니면서 숱한 전투를 경험했습니다.

그러다가 그가 알라 *Allah*로부터 계시를 받았다고 말하기 시작하자 우상숭배자들은 분노했고, 그는 끊임없이 위협에 처했습니다. 그의 목숨을 노리는 적들의 강력한 조직력 때문에 그는 메카 *Mecca*에서 메디나 *Medina*로 도망치지 않으면 안 될 지경이었습니다. 그러나 마호메트는 생명의 위협에 무릎을 꿇지 않았습니다. 불굴의 용기로 반대파들을 제압했기에 새로운 종교가 아랍세계에 전파될 수 있었습니다.

문인의 영웅으로는 단테 *Dante*와 셰익스피어 *Shakespeare*를 꼽았습니다. 칼라일은 셰익스피어에 대한 이야기를 하면서 '만약 치안판사가 사슴을 훔친 일로 셰익스피어를 기소하지 않았다면 그는 어쩌면 위대한 문인으로 알려지지 않았을지도 모른다'라고 쓰고 있습니다. '어떻게 시골뜨기 사슴도둑에 불과했던 그가 그렇게 위대한 비극을 쓸 수 있었던가? 어떻게 한 인간이 그렇게 변모하여 정진할 수 있었는가? 만일에 자신이 그 모진 감옥살이의 고통을 맛보고 고통 속에서 자신을 이겨내고 결국에는 스스로 떨치고 일어나는 용기를 발휘해보지 않았던들 어떻게 한 사람이 햄릿 *Hamlet* 이나 맥베스 *Macbeth* 등 그렇게도 많은 고통을 당하는 주인공들의 마음을 묘사할 수가 있었을까? 라고 칼라일은 묻고 있습니다.

용기 있는 자만이 자신에게 부과된 고통을 헤쳐나갈 수 있습니다. 고통스럽다고 그냥 그 자리에 주저앉는다면 앞으로 한발짝도 전진할 수 없습니다. 셰익스피어는 자신의 고통을 회피하지 않고 이겨냈기 때문에 그와 같은 불후의 명작들을 남길 수 있었던 것입니다.

성직자로는 루터 *Luther* 와 녹스 *Knox* 의 삶을 예로 들었습니다. 루터는 가난한 집에서 태어나 많은 고통을 받으면서 성장했습니다. 19살이 되던 해, 그가 에르푸르트 *Erfurt* 로 가고 있는데 벼락이 그의 친구의 머리 위로 떨어졌습니다. 그때부터 그는 '우리들의 지금 이 삶은 도대체 무엇이냐?' 라는 생각을 했습니다. 그러한 극적 경험을 하고 난 후로 루터는 전혀 다른 사람으로 변화했습니다. 삶의 의미가 무엇인지를 진지하게 고민했으며 자신의 생각을 사람들에게 전파하기 위해 물불을 가리지 않았습니다. 다른 사람이 뭐라 하든 자신의 생각을 용감하게 말할 수 있었고, 그것이 옳다고 생각하면 굽히지 않았습니다.

그는 신으로부터 받은 소명의식을 가지고 있었기 때문에 인간을 두려워하지 않았습니다. 1521년 4월 17일, 교회의 높은 성직자들로 구성된 의회에 소환된 루터는 자신을 변호해야 했습니다. 그 자리에는 찰스 5세를 비롯하여 모든 독일의 군주들, 의회의 교황 대사들이 자리하고 있었습니다. 그렇지만 루터는 '나는 처형을 당하면 당했지 내가 주장하는 뜻을 달리 돌이킬 수는 없습니다' 라고 담대하고 용감하게

고결한 영혼 :
영원한 리더십의 다이너모

주장했습니다.

칼라일은 오딘, 마호메트, 단테, 셰익스피어, 루터, 녹스 등 모든 영웅적인 삶에서 한 가지 보편적으로 나타난 것이 용기라고 보았습니다. 그들의 용기는 예외 없이 오랜 동안의 고통을 통한 경험의 산물이었습니다. 그렇지만 그 고통 속에는 용기라는 축복이 숨겨져 있다는 것입니다. 곤경에 단련된 그들은 도저히 극복할 수 없을 것 같은 곤경 속에서도 떨치고 일어설 수 있었습니다. 그들이 용기 없는 사람들이었다면, 이런 놀랄 만한 리더십을 발휘하지는 못했을 것입니다.

❧당신의 생각은?

– 예시를 참고하여 자신만의 문장으로 완성하십시오.
용기는 고통을 회피하지 않고 당당하게 맞서는 사람에게 찾아오는 축복이다. '나는 이건 정말 못 해', '난 견뎌낼 수 없을 거야' 하고 회피하기만 한다면 결코 리더로 발돋움할 수 없다. 나는 _____

_____

_____

예1) 많은 사람들 앞에 나가 발표하는 것을 두려워한다. 그러나 이제부터는 두려움이 엄습해오는 그 순간에 손을 번쩍 들어 발표를 신청하겠다.
예2) 나를 함부로 취급하는 사람에게 "그러지 마"라고 분명하게 말하고 싶은

데, 그러면 그 사람이 나를 싫어할까봐 두려워서 못하고 있었다. 그러나 이제는 결연하게 나의 권리를 말하겠다.

예3) 어떤 일이 한꺼번에 생기면 나에게는 너무 과중한 일이라며 한번 시도해 보기도 전에 남에게 미루는 경우가 많았는데, 앞으로는 일단 부딪혀보겠 다는 자세로 임할 것이다.

⚜ 리더십 리포트 *Leadership Report*

… 링컨은 세상을 떠난 후에 미국 국민에게 더 많은 사랑과 존경을 받 고 있습니다. 그것은 그의 업적만큼이나 인물이 뛰어났기 때문입니 다. 그가 얼마나 위대한 지도자였는지를 단적으로 보여주는 편지가 최근에 공개되어 다시 한번 그의 탁월한 인품에 대한 존경심을 불러 일으키고 있습니다. 링컨이 남북전쟁 중 가장 치열했던 게티즈버그 전투 때 마이드 장군에게 공격 명령을 내리면서 짧은 편지 한 통을 함 께 보냈습니다. "존경하는 마이드 장군! 이 작전이 성공한다면 그것은 모두 당신의 공로입니다. 그러나 만약 실패한다면 그 책임은 내게 있 습니다. 만약 작전에 실패한다면 장군은 링컨 대통령의 명령이었다고 말하십시오. 그리고 이 편지를 모두에게 공개하시오! A. 링컨" 책임은 자신이 지고 영광은 부하에게 돌린 링컨의 리더십은 우리 모두가 본 받아야 할 진정한 용기의 모범입니다. …

(국민일보 2003. 4. 4)

⋯→ 링컨과 같은 행동은 용기 있는 리더만이 보여줄 수 있습니다. 작전이 실패할지 성공할지 불분명한 상황에서도 링컨은 두려움 없이 명령을 내렸으며, 공은 부하에게 돌리고 책임은 자신이 지겠다고 했습니다. 용기 있는 리더는 사람을 어떻게 이끌어야 할지를 압니다.

아스케시스 :
고결한 책임감

오르테가이가세트:《대중의 반란》

스페인*Spain* 의 유명한 인본주의자인 오르테가이가세
트*Ortega y. Gasset* 는《대중의 반란*The Revolt of the
Masses*》에서 리더와 대중을 구별하는 훌륭한 통찰력을
제시하고 있습니다. '자본가는 리더고 노동자는 대중'
이라는 식으로 구별하지 않았습니다. 돈과 지위가 없다
고 해서 대중이 되는 것은 아닙니다. 대중은 수련이 부
족하고 마음이 변하기 쉬운 그런 보통 사람입니다. 대중이란 특별히
부과되는 책임감도 없고 탁월해지기 위해 어떤 노력도 하지 않는, 순
간순간을 그냥 그대로 살아가고자 하는 사람입니다.

오르테가에 의하면 너무나 많은 사람이 그저 단순히 바람이 불면
부는 대로, 물결이 치면 치는 대로 '대중집단이라는 잔인한 제국의 지
배하에 살고 있다' 고 합니다. 사실 리더의 자격도 없는 대중집단이 반

란을 일으켜 권력과 모든 높은 자리를 차지하고 있다는 것입니다.

'반란으로 권력을 잡은 그들에게는 권력자로 존재하기 위한 강력한 도구가 주어졌으나 그들은 역사적 사명의식이 없다. 다만 그들은 어떤 고결한 정신이 아닌 저속한 자존심과 권력을 유지하기에 급급해온 자들이다.' 이 말은 권력을 잡아서는 안 될 '보통사람들'이 집단교육, 집단생산, 집단통신, 집단민주주의라는 사회의 집단화 추세에 따라 우두머리 자리를 차지하게 되었다는 것입니다.

예컨대 정치에 있어서 공산주의, 나치즘과 같은 정치형태는 집단운동으로 생겨난 결과이며 이러한 정치형태는 인간에게 폭력을 사용하여 '집단의지'를 강요하고 있습니다. 오르테가는 이들 거짓 리더들에 반해, 진정한 리더는 '고난을 많이 겪으면서 의무와 책임감을 스스로에게 부과하는 사람'이라고 했습니다. 그런 사람은 삶을 끊임없는 훈련의 과정으로 간주하고 자기가 도전하는 과제가 무엇이든 간에 그 속에서 우수성을 추구함으로써 자신에 대한 엄한 훈련을 쌓아갑니다. 그런 극기심이 있는 사람이 곧 리더인 것입니다.[39]

희랍어로 훈련은 고행자라는 뜻의 '아스케시스*Askesis*'입니다. 리더는 고결한 사람입니다. 고결하다는 것은 '잘 알려져 있다'라는 의미이며, 이는 무명의 다수보다 뛰어나고자 하며, 또 스스로가 잘 알려지도록 노력한다는 의미입니다. 끝임 없이 자신을 단련시키고 훈련하는 사람은 고결하기 마련입니다. 명성은 비상한 노력에서 비롯되는 것이고 오르테가에게 '고결함'이란 '노력의 결과로 탁월해진다'는 의미였습니다.

진정한 리더란 '높은 신분에 따르는 도덕적 의무'에 강력한 의지를 지니고 있는 자입니다. 고결한 사람은 스스로에게 의무와 책임을 지웁니다. 고결함이란 인간이 설정해놓은 의무나 책임에 대해 인간의 일반적인 능력을 초월하여 끊임없이 노력한 결과로 얻어지는 것입니다. 리더는 계속적으로 키워진 내적인 힘으로 자신을 극기하는 사람, 스스로를 제어할 수 있는 힘을 소유한 사람입니다.

❧ 당신의 생각은?

― 예시를 참고하여 자신만의 문장으로 완성하십시오.
스스로를 단련하지 않는 사람은 퇴보할 뿐이다. 리더는 권한뿐 아니라 책임과 의무도 함께 져야 하고 이는 스스로를 끊임없이 단련시킬 때에만 가능한 일이다. 나는 책임감 있는 리더가 되기 위해 _____

_____

_____

예1) 하루에 한 시간씩 운동을 하면서 내가 손해 보고 내가 더 고생하고 내가 더 비난받는 괴로움을 이기겠다는 다짐을 할 것이다.
예2) 다른 사람에게 외국어 능력을 키우라고 말하기 전에, 나의 실력을 점검하고 하루에 30분 이상은 일본어 책을 큰 소리로 읽는 습관을 기를 것이다.
예3) 아이디어를 내라고 다른 사람만 닦달하지 않기 위해 내게 새로운 아이디어에 대한 영감을 줄 수 있는 책을 하루에 50페이지 이상은 읽겠다.

고결한 영혼 :
영원한 리더십의 다이너모

리더십 리포트 *Leadership Report*

… 오늘날의 그리스도인들은 거의 모두가 십자가를 지는 고난과 고통을 피하려고 합니다. 다른 사람들이 고통을 이겨내는 것을 보고 감격해 하면서도 정작 자신은 고난 앞에서 한없이 약해지고 그를 피하려 합니다. 검소한 생활을 하면서 거기서 모은 것으로 이웃에 나눠주기보다 쓰고 남을 것으로 구제하려는 사람들도 많습니다. …

(국민일보 1996. 2. 22)

⋯▸ 고통을 즐거워하는 사람은 없습니다. 하지만 리더가 되기 위해서는 끊임없이 자신을 단련해야 합니다. 고결함이란 지속적인 노력으로 과거의 모습에서 새로운 피조물로 한 단계 더 도약하는 과정에서 생겨납니다.

끊임없이 자신을 돌아보는
내부지향성

데이비드 리즈먼: 《고독한 군중》

▷ 데이비드 리즈먼

데이비드 리즈먼David Riesman의 저서 《고독한 군중 The Lonely Crowd》은 리더십 연구에 관한 책은 아닙니다. 그보다는 사회비평서에 가깝지만 그 이면을 보면 리더의 내면세계에 무엇이 있어야 하는지를 알 수 있습니다.

그는 사회구조의 변화에 따라 인간을 세 가지 유형으로 분류하고 있습니다. 그 첫째는 과거의 농경사회가 만든 '전통지향형' 인간이고 둘째는 산업화를 겪으면서 서구 현대사회가 만든 '외부지향형' 인간입니다. 그리고 나머지 하나는 '내부지향형' 인간입니다.

전통지향형 인간은 기존의 사회기준에 순응하여 자기가 속한 연령

고결한 영혼 :
영원한 리더십의 다이너모

계층 등에 소속되고자 하는 경향이 아주 강하고, 주로 전통과 과거에서 어떻게 행동할지를 배웁니다. 따라서 그들은 급격한 역사의 변화에 적응할 수 없고, 이런 사람들은 오늘날과 같은 불확실성의 시대에 리더로 봉사하기에는 적합하지 않습니다.

한편 외부지향형 인간은 멀거나 가까운 외부에서 오는 신호를 받고 행동합니다. 신호의 출처는 다양하고 그 변화는 급격합니다. 외부지향형 인간은 타자들이 무엇을 생각하고 무엇을 좋아하는지에 항상 관심을 가지며 그들로부터 격리되지 않으려고 애씁니다. 이런 사람들은 주체성 있는 개인이 아닙니다. 변화가 만연한 시대의 일시적인 유행을 맹목적으로 따르는 사람입니다. 그런 사람이 타인을 리드할 수 있는 자질을 갖추고 있다고 보기는 어렵습니다.[40]

리즈먼이 주장하는 이론을 리더십 문제에 적용해보면, 낡은 전통에 얽매인 인간형은 변화가 난무하는 오늘날 정보화시대에서 리더십을 발휘하기에는 역부족입니다. 남의 눈치나 살피고 남이 하는 대로 따라하기에 급급한, 소위 '주체성'이 없는 유행추구형의 지도자 역시 맹인을 인도하는 맹인일 뿐입니다.

우리가 필요로 하는 리더는 자기성찰을 할 수 있는 보다 '주관적인' 사람, 즉 내부지향형 인간입니다. 내부지향적인 사람은 스스로의 삶과 운명을 제어할 만한 깨어 있는 의식을 가지고 있습니다. 그들은 내면화된 가치에 중점을 두고, 그 내면의 소리(Inner Voise)에 따라 행동합니다.오늘날 현실을 보면 예기치 않은 일이 너무나 자주 그리고 또 너무나 많이 벌어집니다. 변화의 사이클은 점점 짧아지고 있으며 앞으로 몇 시간 후에 어떤 일이 일어날지 예측하기란 아주 어려운 일입니다. 이럴 때일수록 리더는 자기 내면의 소리를 들을 수 있어야 합니다.

내부지향형 인간만이 삶의 목표를 향하고자 하는 스스로의 요구와 외적환경과의 투쟁 사이에서 섬세한 균형을 유지할 수 있습니다. 그리고 그러한 사람이야 말로 진정한 리더라고 할 수 있습니다.

✎당신의 생각은?

— 예시를 참고하여 자신만의 문장으로 완성하십시오.

리즈먼은 시대의 변화에 따라 인간유형을 나누었지만, 그 세 유형은 현실세계에 공존하고 있다. 나는 지금의 내 모습이 마음에 들지 않으며 앞으로는 다른 유형의 사람으로 거듭나고 싶다. _____

_____

_____

예1) 나는 지금 너무 남의 눈치를 보고 남의 기준에 맞추려고 노력하고 있다. 이제는 내가 되고 싶은 것, 내가 하고 싶은 것은 무엇인지 진지하게 성찰하고 그에 따라 행동할 것이다.

예2) 나는 무엇인가를 새로 생각한다는 것이 너무 힘들고 버거워서 예전에 했던 습관대로 행동하고 있다. 이제부터는 문제가 발생할 때마다 이에 맞는 방법은 무엇인지를 생각하고 움직일 것이다.

예3) 나는 나의 가치를 알고 내가 중요하게 생각하는 것이 무엇인지를 안다. 앞으로도 나의 진정한 목표를 이루기 위해 한 걸음 한 걸음을 소중하게 생각하며 살아갈 것이다.

❧리더십 리포트 *Leadership Report*

… 필자가 지난 몇 년간 한국 생활에서 느낀 점은 한국인들은 과거를 너무 빨리 잊고, 잘못을 제대로 반성하거나 고치지 않는다는 것이다. … 일반적으로 서양에서는 규칙, 위험에 대한 고려, 수집 가능한 모든 사실을 바탕으로 결정을 내린다. 하지만 한국에서는 의사결정을 할 때 다른 사람들과의 관계, 체면 등을 고려해 평온함과 조화를 깨지 않는 범위 내에서 결정을 내리는 듯한 느낌을 종종 받는다. …

(조선일보 2003. 3. 10)

⋯▶ 한국 사람들은 겉치레나 체면을 중시한다는 비판을 많이 받아왔습니다. 남의 눈이 무서워서 정말 자기가 하고 싶은 것은 하지 못하고, 남들이 하는 대로 똑같이 해야 안심이 된다는 것입니다. 리더라면 끊임없이 자신을 돌아보는 내부지향성이 있어야 합니다. 과거에 의지해서 습관적인 결정을 내려서도 안 되고, 타인의 시선에 따라 움직여서도 안 됩니다. 리더는 자기내면의 목소리에 귀 기울여야 합니다.

도전을 향한 거침없는 창조성

아널드 토인비 : 《역사의 한 연구》

▷ 아널드 토인비

《역사의 연구 *A Study of History*》에서 역사학자 아널드 토인비 *Arnold Toynbee*는 문명의 발생, 성장, 그리고 쇠퇴 과정과 리더의 역할을 연관시켰습니다. 그는 역사를 연구하는 보다 적절한 단위는 국가가 아니라 문명이라고 보았습니다. 예컨대 대영제국의 역사는 영국 안에서 파악할 때보다 좀더 큰 영역, 즉 서구 기독교문명의 역사를 통해 볼 때 더 잘 이해할 수 있다는 말입니다. 그는 세계 역사에서 21개의 문명을 확인했고, 생물학적 분석을 이용해서 다양한 문명의 태동·성장·죽음을 보았습니다. 그는 또한 '동시대성 *Contemporaneity*' 이라고 부르는 원리를 적용함으로써 이러한 문명들의 비교연구를 시도했습니다.

그렇다면 문명은 어떻게 태동하게 되는 것일까? 토인비는 이때까지

폭넓게 인정돼 오던 인종론과 환경론의 이론들을 반박하고, 그 유명한 '도전과 응전'의 법칙을 제안했습니다. 그는 환경의 도전에 대한 인간의 응전을 강조했습니다. 나일 *Nile* 강 삼각주의 늪지에 살고 있는 사람들은 범람하는 강물의 도전에 응전하는 과정에서 이집트 문명을 이룩했습니다. 중국문명은 황하의 도전에 대한 응전으로 탄생되었고, 마야문명은 열대림의 도전에 응전하면서 일어나기 시작했습니다.

그러나 모든 대중이 자연환경이나 타인의 도전에 응전하는 것은 아닙니다. 오직 '창조적인 소수'만이 도전에 응전할 수 있습니다. 왜냐하면 대중은 대체적으로 자신들에게 영향을 끼치며 자신들을 인도하며 갈 길을 밝혀주는 소수 엘리트들이 인도하는 데로 따르기 때문입니다. 토인비의 '창조적 소수'에 대한 이론은 다음과 같습니다.

창조는 창조적인 소수가 도전에 응전한 결과이다. 민주주의라는 거대하고 새로운 사회적 힘과 산업화는 창조적 소수에 의해 이룩되어 왔다.

창조적 소수의 리더십이 도전에 응전하도록 전체사회를 동력화할 때 문명의 성장이 이루어진다는 것이 토인비의 생각입니다. 토인비는 이와 더불어 창조적 소수들이 퇴보할 위험성도 지적했습니다. 너무 오랫동안 권좌에만 머물면 창조적 엘리트는 자만에 빠져 다른 사람들을 멸시하고 불신하는 지배적 소수 *Dominating Minority*로 전락한다는 것입니다. 창조성을 잃은 지배적 소수는 사람들을 리드하기보다 억압하고 이용하려 합니다. 그러면 민중은 반란을 일으키게 되고, 결국 한

문명이 지배적 소수의 리더십 하에 처하면 그때부터 쇠퇴와 붕괴의 길을 걷게 된다는 것입니다.[41]

결국 한 문명의 탄생과 쇠퇴는 리더십과 밀접한 관련이 있습니다. 창조적 소수가 다수를 리드하여 도전에 응전할 힘을 만들어갈 때 문명이 탄생하고, 창조적 소수가 부패하여 지배적 소수로 변질되면 문명이 쇠퇴하고 붕괴합니다. 리더가 되기 위해서는 거대한 도전에 맞서 응전할 수 있는 창조력이 있어야 하고 또한 리더의 자리에 올라서는 초심을 잃지 않도록 경계해야 합니다.

자신에게 다가오는 모든 도전을 향해 거침없이 나아갈 수 있는 창조력은 리더에게 꼭 필요한 자질입니다. 지치지 않는 도전의식과 창조력은 그야말로 무에서 유를 창조할 수 있는 힘을 발휘합니다. 자신과 타인을 공동의 목표지점으로 이끌기 위해서는 변치 않는 창조력이 필요합니다.

♫당신의 생각은?

– 예시를 참고하여 자신만의 문장으로 완성하십시오.
내 앞에 있는 모든 것들에 대해 주도적으로 대항할 수 있을 때 창조성이 발휘된다. 나는 내 앞에 있는 문제들을 창조적으로 해결하기 위해 꾸준히 노력할 것이다.

예1) 시대의 흐름을 읽을 줄 아는 통찰력에서 창조성은 시작되고, 그렇기 때문에 나는 새로운 것이 나오면 제일 먼저 사용해볼 것이고 매일 5개 이상의 신문을 읽되 광고까지도 꼼꼼하게 볼 것이다.

예2) 간접적으로나 직접적으로 많은 경험을 쌓는 데에서 창조성이 함양되기 때문에 옷이나 음식에 드는 돈을 절약하여 100개국 이상을 여행할 작정이다.

예3) 남다른 관점에서 창조성이 생기기 때문에 어떤 사물이나 사건을 보고 해석할 때 항상 다른 식으로 한 번 더 생각해보려고 노력할 것이다.

리더십 리포트 *Leadership Report*

… 리처드 플로리다의 《창조적 계급의 출현》에서는 과학자, 공학자, 교육자, 작가, 예술가, 연예인 등 새로움을 추구하는 사람들을 창조적 계급이라고 명명하고, 창조력과 개인주의적 성향, 다양성, 그리고 우수성을 그들의 특징이라고 지적한다. 이미 산업 인구의 30%를 차지하는 이들은 미국의 작업환경과 생활방식에 지대한 영향을 미치고 있다고 주장한다. …

(한국일보 2003. 2. 8)

⋯➔ 다른 사람의 삶이나 생활에 영향을 미치는 것은 권력이나 힘이 아닙니다. 창조적 도전의식 하나만 있어도 다른 많은 사람들을 변화시킬 수 있습니다. 창조성은 항상 새로운 것을 만들어내며, 이는 빠른 속도로 다른 사람들에게 전파됩니다.

도전을 향한 거침없는 창조성

다른 모든 것을
빛나게 하는 희생정신

"내 양을 위하여 목숨을 버리노라"

앞에서 살펴본 정직·지혜·용기·극기·내부지향성·창조적 도전이라는 여섯 가지 특성을 리더의 가장 본질적인 특성이라고 할 때, 어떻게 한 사람의 리더가 이 모두를 소유할 수 있겠습니까? 어느 누가 정직하고 지혜로운 동시에 용맹스러우며 스스로를 제어할 수 있겠습니까? 또한 내면의 소리에 따라 나아가는 동시에 창조적인 도전을 감행하는 사람일 수 있습니까?

신약성서는 참된 리더를 삯꾼, 도둑, 강도와 같은 거짓 리더와 구분하는 또 하나의 척도를 설정하고 있습니다. '나는 선한 목자라 선한 목자는 양들을 위해 목숨을 버리거니와' 라는 주제가 바로 그것입니다.

리더에게 필요하다고 알려진 모든 자질―용기, 예지, 박력, 지식, 지혜, 인내력, 결단, 예리함, 통찰력, 강건함 등―은 다 중요한 것들입니다. 그러나 이 모든 것을 골고루 갖추기만 하면 훌륭한 리더입니까? 그렇지는 않습니다. 이 모든 자질이 부차적으로 느껴질 만큼 근본적인 특성이 있습니다. 그런 자질이 있으면 참된 리더가 되는 데에 도움은 되겠지만 그것들만으로는 충분치 않습니다.

자기를 따르는 사람들을 위해 자기 목숨을 버리는 희생정신을 소유하지 않는 한 그런 특성과 자질들은 아무런 의미를 가질 수 없습니다. 희생정신의 유무야 말로 참된 리더와 거짓 리더를 구별하는 최고의 척도입니다. 참된 리더는 자기의 시간, 돈, 힘, 지식, 또는 생명까지도 자기가 섬기는 사람들, 자기를 따르는 사람들을 위해 흔쾌히 희생할 수 있어야 합니다.[42]

신약성서에 묘사된 예수의 언행 속에서 끊임없이 되풀이되는 특색은 정직한 자기희생입니다.

누구라도 자기 스스로를 높이려는 자는 낮아질 것이다
누구라도 나를 따르려 거든 자기를 부인하고 나를 따르라
누구라도 첫째가 되려는 사람은 종이 되어야 한다 … (내가) 섬김을 받으러 온 것이 아니라 섬기러 온 것처럼 그리고 많은 사람들을 위해 속량의 제물로 나의 목숨을 바치기 위해 온 것처럼

이 모든 구절은 희생정신을 강조하는 말입니다.

원론적으로 이야기해보면, 희생이라는 영어단어 'sacrifice'의 어원은 신에게 화목제로 무엇이든 바친다는 뜻의 라틴어 'sacrificium'이

라는 말에서 비롯된 것입니다. 이는 포기하는 것, 권리의 침해를 허용하는 것, 혹은 가치가 큰 어떤 것을 위해 작은 가치를 버리는 것을 뜻합니다. 희생이란 말과 가장 가까운 뜻을 가진 동의어는 봉사(service)입니다. 'serve'라는 말은 라틴어 'servire'에서 비롯된 말인데, 이는 deserve(상을 받을 만한 가치), sergeant(하사관), servant(종족, 봉사자)의 뜻과 상응합니다. 가톨릭에서는 교황을 'servus servorum dei'라는 별칭으로 부르는데, 이는 '종복 중의 종복'이라는 뜻을 가지고 있습니다.

위대한 지도자들은 개인적인 차이나 역사적 배경의 차이에도 불구하고 희생정신이라는 공통적인 한 가지를 소유하고 있습니다. 많은 지도자들은 그들의 시간, 물질, 재능, 그리고 지식에 더하여 자신의 목숨까지도 그들을 따르는 무리들을 위해 희생했습니다.

만일 어떤 리더가 이기적이고 자기중심적이며 자신만의 욕망을 달성하려고 급급하다면, 무리가 진정 필요로 하는 것을 달성하는 옳은 방향으로 그들을 이끌 수 없습니다. 그러나 리더에게 정직한 자기희생의 정신이 있다면 자신만을 위한 계획에서 벗어나 모든 것을 현명하게 선택하고 결정할 수 있습니다. 고난이나 유혹에 직면한다고 해도 그는 자신을 따르는 자들과 자신 모두를 지킬 수 있습니다.[43]

스스로를 희생할 수 있는 정신을 소유한 사람은 사물을 객관적으로 판단할 수 있을 만큼 현명하고(솔로몬), 스스로를 제어할 수 있으며(오르테가이가세트), 내면의 소리에 따라 움직일 수 있습니다(데이비드 리

고결한 영혼 :
영원한 리더십의 다이너모

즈민). 또한 용기 있고(토머스 칼라일), 창조적인(아널드 토인비) 사람이 될 수 있습니다.

최고 사양의 최신형 노트북이 있다고 해봅시다. 그 노트북 안에 지혜·극기·내부지향성·용기·창조성이라는 프로그램이 있습니다. 잘만 활용하면 최고의 리더십을 언제라도 발휘할 수 있는 최상의 환경이 갖춰진 셈입니다. 그런데 이런 최고의 노트북이라고 해도 전원을 넣지 않으면 그 안에 있는 그 어떤 프로그램도 작동시킬 수 없습니다. 즉 가장 근원적이고도 절대적인 것은 따로 있는 것입니다. 리더십의 모든 다른 자질을 제대로 작동시킬 수 있는 전원은 바로 희생정신입니다. 희생정신이라는 전원을 넣지 않으면 다른 모든 것은 무용지물에 지나지 않습니다.

희생정신을 소유하지 못한 사람이라면 아무리 위대하고 해박한 지식을 지녔다 하더라도 쓸모가 없습니다. 아무리 좋은 것, 아무리 대단한 것을 저장해놓았다고 해도 희생정신이라는 전원을 넣지 않으면 '리더십'으로 발휘되지 않습니다. 반대로 참된 희생정신, 머슴정신을 가진 사람은 육체적 특성(미모, 체력 등), 지적 특성(지식, 결단력 등), 사회적 특성(사교성, 달변 등) 등이 약하다 할지라도 진정한 리더가 될 수 있습니다.

✿ 당신의 생각은?

— 예시를 참고하여 자신만의 문장으로 완성하십시오.

희생정신은 다른 모든 것들이 제 에너지를 발휘할 수 있도록 만들어 주는 '전원'과도 같다. 나는 위대한 희생정신을 발휘하는 누군가의 모습에 감명을 받은 적이 있으며 나 또한 그렇게 되고 싶다.

_____

_____

_____

예1) 나는 화염에 싸여 있는 아이를 구하려고 불타는 집으로 뛰어드는 소방관의 모습에서 희생정신을 발견했으며, 나도 소방관처럼 남을 위해 나의 안전을 포기할 수 있는 삶을 살고 싶다.

예2) 맨발로 다니며 양말 꿰매기, 청소, 상처 치료하기 등을 하며 빈민구제활동에 평생을 바친 테레사 수녀의 삶을 보고 나도 '사랑이 필요한 곳이면 어디든지 달려가겠다'는 다짐을 했다.

예3) 나는 베니스의 상인처럼 살을 베어가되 피는 나지 않게 하라는 식으로 나의 안위를 최고로 생각하며 살아왔다. 그러나, 지하철에 몸을 던져 다른 사람을 구하고 자신은 죽은 이수연의 삶을 보고 나도 베니스 상인의 얄팍함에서 벗어나 터프한 희생정신을 실천하며 살아야겠다는 생각을 했다.

⚜ 리더십 리포트 *Leadership Report*

가시고기는 이상한 물고기입니다. 엄마 가시고기는 알들을 낳은 후엔
어디론가 달아나 버려요. 아빠 가시고기 혼자 남아, 알들을 노리는 다
른 물고기들과 목숨을 걸고 싸운답니다. 먹지도 않고 자지도 않으면
서 열심히 알들을 보호하는 거예요. 알에서 깨어난 새끼들은 어느 날
엄마처럼 제 갈 길로 떠나버리죠. 그리고 홀로 남은 아빠 가시고기는
돌 틈에 머리를 박고 죽어버린답니다. …

(문화일보 2001.6.25)

⋯→ 가시고기가 생존할 수 있는 것은 희생정신 때문입니다. 위 행동을 보고 자기만 손해
　　보는 미련한 짓이라고 말할지도 모르지만, 사실 가시고기의 이런 희생정신은 그 어
　　종이 세상에 존속할 수 있도록 하는, 즉 더 큰 목적을 위해 꼭 필요한 행동입니다.

리더가 필요한 지구촌이
당신을 기다리고 있다

어떤 바닷가에 작은 오두막이 하나 있었습니다. 그 오두막 앞 바다는 아주 위험한 곳이어서 배들이 자주 좌초되었고 빠져 죽는 사람들도 많았습니다. 오두막에는 바다에 빠진 사람들을 구조하는 구조대원들이 기거하고 있었고, 그들은 단 한 척뿐인 구조선으로 난파당한 사람들을 구조하는 활동을 하고 있었습니다. 그곳은 조난당한 사람들에게는 편안한 쉼터인 동시에 젖은 옷을 말릴 수도 있는 따뜻한 공간이었습니다.

구조대원들은 불과 대여섯 명에 불과했지만 그들은 모두 목숨을 걸고 밤낮을 가리지 않으며 한마음 한뜻으로 물에 빠진 사람들을 구해내는 데 전념했습니다. 너무 많은 사고가 일어났기 때문에 오두막은 열악한 환경에도 불구하고 아주 유명해지기 시작했습니다. 유명세를 타자 많은 사람들이 그곳으로 몰려들었습니다. 그곳에서 일한다는 사실, 그 일에 참여하고 있다는 사실 자체가 큰 명예가 되기 시작했습니다. 어떤 사람들은 함께 봉사하기를 원했고 어떤 사람들은 금전적인 지원을 해왔습니다. 지원받은 돈은 구조선을 사들이고 더 많은 구조대원들을 훈련시키는 데에 사용되었습니다.

얼마 후, 구조대원들 중 일부가 대피소의 초라한 시설과 여건에 불만을 품고 이의를 제기하기 시작했습니다. 그런 의견에 따라 대피소를 좀더 크고 편안하게 증축했을 뿐 아니라 멋진 가구들도 들여오기 시작했습니다. 대피소는 이제 단순히 구조활동만 하는 곳이 아니라 많은 사람들이 드나드는 사교클럽처럼 변해갔습니다.

시간이 흐를수록 구조대원들은 점점 구조활동에 흥미를 잃어갔습니다. 목숨을 건 위험한 일을 하기가 싫어졌습니다. 그래서 많은 대원들을 새로 채용하여 그들로 하여금 모든 일을 대신하도록 했습니다. 그런 반면 눈에 띄는 자리마다 또 모든 장식물에 '생명구조'라는 글은 더 크고 선명하게 써 붙였고, 그들이 처음 기거하던 방에는 커다란 모형 구조선까지 만들어 전시했습니다.

그 무렵, 엄청나게 큰 조난사고가 일어났습니다. 새로 고용된 구조대원들은 많은 사람들을 물에서 건져 올려 클럽으로 데리고 왔습니다. 조난자들의 머리와 옷은 개흙으로 더럽혀져 있었고 바닥으로 물이 뚝뚝 떨어졌습니다. 클럽은 순식간에 엉망이 되었고, 이 일이 있은 뒤 클럽의 재정위원회는 밖에다 별도의 조난자용 샤워장을 짓게 했습니다.

그러다가 기득권을 가진 구조대원들 사이에 틈새가 벌어지기 시작했습니다. 일부는 사교클럽만 운영하고 구조활동은 중지해야 한다고 주장했고, 다른 일부는 구조활동이 클럽 본연의 임무였으므로 이를 계속해야 한다고 말했습니다. 그렇게 옥신각신하다가 정 그렇다면 아래쪽에다가 대피소를 하나 더 짓고 구조활동을 하기 원하는 사람들은 거기서 해보는 게 어떠냐는 이야기가 나왔고, 그래서 그 중 일부가 떨어져 나와 새로운 대피소를 세웠습니다.

수년이 지나자 새로 지은 대피소에서도 종전과 똑같은 현상이 반복되었습니다. 그래서 또 새로운 대피소가 생겼습니다. 그렇지만 새 대피소도 역시 클럽이 되었고 또 다른 대피소가 세워졌습니다. 역사는 반복에 반복을 거듭했습니다. 지금 그 바닷가에는 호화스러운 회원전용 클럽이 즐비하게 늘어서 있습니다.[44]

물론 이 이야기는 지어낸 것이지만 사명감이 사회운동으로 번지고, 사회운동이 기계로 변질되고 기계는 다시 기념비로 전락해버리는 현상을 잘 꼬집고 있습니다. 너무나 많은 정당, 시민사회단체, 중간조직, 심지어 국가와 종교들, 그리고 그 안에 있는 리더들의 모습이 위와 같습니다. 온갖 클럽이 즐비하게 늘어서 있고 각 클럽마다 우두머리 구조대원들이 버티고 있지만, 오늘날도 난파사고는 그칠 줄 모르고 끊임없이 발생하고 있습니다. 그리고 물에 빠지는 대부분의 사람들은 죽어가고 있습니다.

문화를 선도해야 할 기업들이 각종 비리로 속속 넘어지고 있고 권력을 가진 이들은 돈을 받고 로비한 자들에게 혜택을 주느라 바쁩니다. 대통령 둘은 감옥에 다녀왔고, 다른 두 명의 대통령은 아들들을 감옥에 보냈습니다. 이러다가는 군대에 다녀오는 것처럼 모든 대통령과 그 아들들이 감옥에 다녀오는 시대로 접어드는 것은 아닌가 하는 느낌마저 들고 있습니다.

한국뿐만 아니라 세계도처에서 리더들이 연이어 무너지고 있습니다. 국가원수, 대학총장, 거대기업의 CEO들이 돈, 섹스, 그리고 권력에 대한 지나친 욕심을 이기지 못해 재판을 받고 거리의 쓰레기로 전락해 악취를 풍기며 썩어가고 있습니다.

그리고 그 쓰레기 더미에서 자라난 바이러스들이 우리 모두를 오염시키고 있습니다. 이 바이러스는 사람들이 속이고, 감추고, 빼돌리지 않고는 그 누구도 살아남을 수 없다고 생각하게 만들고 또 그러한 체질로 사람들을 변화시키고 있습니다. '리더인 줄 알았더니 모두가 삯꾼이며 도둑이었구나' 하면서 우리 자신도 어느새 삯꾼 아니면 도둑으로 변해가고 있습니다.

리더십의 붕괴는 모든 사람이 서로 도적질을 하다가 다 같이 멸망하고 마는, 문명의 붕괴를 예고하는 최후의 재앙입니다. 그러나 온갖 속임수와 도적질 등 절망적 사태에도 불구하고 여전히 우리 사회는 굴러가고 있습니다. 그럴수록 오히려 더 나은 내일을 기약하며 앞으로 나아갈 수 있게 지탱해주는 사람들도 있기 때문입니다.

그들은 누구입니까? 뉴스 시간에 화면을 장식하는 시장, 도지사, 정당관계자나 장관들입니까? 잘난 전문가들, 스포츠 스타, 혹은 연예인들입니까? 아닙니다. 그들은 세상을 지탱해준다기보다 세상이 지탱되고 있는 데에 따른 혜택을 최대한 누리고 있는 사람들에 불과합니다.

지난 세기에도 그랬듯이 새로운 세기에도 역시 세상을 지탱하고 사회가 나아갈 방향을 옳게 가늠해주는 사람들은 스스로를 아는 사람들입니다. 자기에게 가장 소중한 가치가 무엇인지를 알고 그 가치를 실현하기 위해 자기가 도착해야 할 최종목표지점이 어딘지를 아는 사람, 그리고 실제로 그 목표지점을 향해 가고 있는 사람입니다. 그들은 결코 와자지껄 떠들어대는 사람들이 아닙니다. 오히려 소리 내지 않는 따뜻한 손으로 인종과 국경을 넘어 꿈을 나누어줌으로써 작은 희망의 불씨를 꺼지지 않게 지키는 사람들입니다.

누가 뭐라 해도 할 일은 해내고 마는 사람들, 창조적 도전을 보여주는 젊은이들, 작지만 누군가는 꼭 해야 하는 일을 묵묵히 실행하는 보통사람들이 바로 이 시대가 원하는 새로운 리더들입니다. 여기에 소개된 버스기사와 가정주부, 보통 월급쟁이와 고지식한 사업가, 그리고 자기의 변화를 세상의 변화로 확장시켜 나간 젊은이들의 이야기는 과연 세상의 진정한 버팀목, 진정한 리더는 누구인지 짐작할 수 있게 합니다.

지금 리더십 수련을 시작하십시오. 세상에서 가장 중요한 것은 _____ 이라고 적으십시오. 그리고 그것을 이루기 위해 나는 _____ 까지 _____ 이라는 교두보를 확보하고 _____ 까지는 _____ 라는 최종목표지점에 도달함으로써 _____

_____ 이라는 나의 사명을 완수할 것이라고 적으십시오. 그리고 행동을 개시하십시오. 그렇게 하는 순간에 당신은 리더로 변신합니다. 리더가 필요한 21세기 지구촌이 당신을, 그리고 당신의 준비가 끝나기를 기다리고 있습니다. 머뭇거리기에는 인생이 너무 짧습니다.

참고자료

1) 이원설 · 문영식, 《21세기를 향한 비전과 리더십》, 서울, 신망애출
   판사, 1996, pp.163~165

2) 위 책, pp.233~235

3) 위 책, pp.188~191

4) Phillip C. McGraw, 《Life Strategies : Doing What Works, Doing
   What Matters》, NewYork:Hyperion, 1999, pp.152~153

5) Leighton Ford, 《Transforming Leadership : Jesus´ Way of Creating
   Vision, Shaping Values & Empowering Change》, Ilinoise,
   Intervarsity Press, 1993, pp.107~108

6) www.gospelcom.net/chi/GLIMPSEF

7) Steve Anderas and charles Faulkner, ed., 《NLP : The New
   Technology of Achievement》, Quill, New York, 1994, p.81

8) Henry P. Sims, Jr. Charles C. Manz, 《Superleadership : Leading
   Others to Lead Themselves》, Berkley, New York, 1989, pp.59~61

9) 이원설 · 문영식, 앞의 책, pp.241~244

10) 제임스 M. 쿠제스 · 배리 Z. 포스너 지음, 송경근 · 김진철 옮김,
    《리더십 불변의 법칙5》, 서울, 한언, 1999, pp.110~112

11) 이원설, 《사조의 격랑 속에서》, 서울, 성광문화사, 1978, pp.449~450

12) 윌리엄 골딩, 유종호 옮김,《파리대왕》, 서울, 민음사, 2001, pp.7~43

13) P. E. 드러커, 김용국 옮김, 《새로운 현실》, 서울, 시사영어사, 1990, pp.129~136

14) 위 책, pp.84~87

15) 이원설,《아침을 준비하는 자는 늘 깨어있다》, 서울, 생명의 말씀사, 2000, pp.84~87

16) 위 책 p.33

17) 위 책 pp.422~424

18) 이원설 · 김형태,《새 천년, 새 선민, 새 비전》, 서울, 미드웨스트, 2000, pp.166~169

19) 피터 드러커, 이재규 옮김,《프로페셔널의 조건》, 서울, 청림출판, 2001, p.185

20) 톰 모리스, 성시중 옮김,《성공하려면 하고 싶은 대로 해라!》, 서울, 한국언론자료간행회, 1995, pp.122~126

21) Patrick Combs,《Major in Success》, Ten Speed Press, Berkeley, CA., 2000, pp.3~4

22) 이승환,《혼자 도는 바람개비》, 서울, 성도교회 독서클럽, 2000, pp.16~66

23) 김진배,《웃기는 리더가 성공한다 : 성공하는 리더를 위한 유머기법 2》, 서울, 뜨인돌, 1999, p.17

24) Charles C. Manz · Christopher P. Neck 공저, 이은숙 옮김,《바보들은 항상 최선을 다했다고 말한다》, 서울, 한언, 2001, p.47

25) Henry P. Sims, Jr. and Charles C. Manz, 《Company of Heroes : Unleashing the Power of Self-Leadership》, John Wiley & Sons, New York, 1996, pp.113~115

26) Charles C. Manz · Christopher P. Neck 공저, 이은숙 옮김, 앞의 책, p.118

27) 바바라 드 앤젤리스, 함규진 옮김, 《자신감》, 서울, 씨앗을 뿌리는 사람들, 2003, pp.20~27

28) Charles C. Manz · Christopher P. Neck 공저, 이은숙 옮김, 앞의 책, pp.187~188

29) Henry P. Sims, Jr. Charles C. Manz, 《Super-Leadership》, Berkley Books, New York, 1990, pp.83~84

30) 헤르만 헤세, 이인용 옮김, 《동방순례》, 서울, 민음사, 2000, pp.31~41

31) 데니스 웨이틀리 외 6인 공저, 김만행 옮김, 《인생의 승부에는 변명이 통하지 않는다》, 서울, 행림각, pp.288~290

32) Henry P. Sims, Jr. and Charles C. Manz, 앞의 책, pp.5~7, pp.58~59

33) 위 책, pp.138~140

34) Guy Kawasaki, 《Rules for Revolutionaries》, New York, NY: Harper Business, 1999, pp.113~132

35) Leighton Ford, 앞의 책, pp.68~71

36) 제임스 M. 쿠제스 · 배리 Z. 포스너, 송경근 · 김진철 옮김, 앞의 책, pp.48~52

37) 구약성서, 열왕기 상, 제 3장, 23~28절

38) Thomas Carlyle, 《On Heroes, Hero Worship, and Heroic in History》, London : J. M. Dent & Sons, 1948, pp.239~467

39) Joose Ortega y Gasset, 《The Revolt of the Masses》, New York : W. W. Norton, 1957, pp.11~190

40) David Riesman,《The Lonely Crowd》, New Heaven, Connecticut : Yale University Press, 1961, pp.3~307

41) Arnold Toynbee, 《A Study of History》, abridgement by D. C. Sommerville, London, Oxford University Press, 1947, p.214

42) Robert K. Greenleaf, 《Servant Leadership》, New York : Paulist Press, 1977, pp.7~16

43) Ted W. Engstrom, 《The Making of a Christian Leader》, Grand Rapid, Michigan : Zondervan, 1976, p.37

44) Leighton Ford, 앞의 책, pp.273~274

한언의 사명선언문

Our Mission

―. 우리는 새로운 지식을 창출, 전파하여 전 인류가 이를 공유케 함으로 써 인류문화의 발전과 행복에 이바지한다.

―. 우리는 끊임없이 학습하는 조직으로서 자신과 조직의 발전을 위해 쉼 없이 노력하며, 궁극적으로는 세계적 컨텐츠 그룹을 지향한다.

―. 우리는 정신적, 물질적으로 최고 수준의 복지를 실현하기 위해 노력하 며, 명실공히 초일류 사원들의 집합체로서 부끄럼없이 행동한다.

Our Vision   한언은 컨텐츠 기업의 선도적 성공모델이 된다.

저희 한언인들은 위와 같은 사명을 항상 가슴 속에 간직하고
좋은 책을 만들기 위해 최선을 다하고 있습니다.
독자 여러분의 아낌없는 충고와 격려를 부탁드립니다.

- 한언가족 -

HanEon's Mission statement

Our Mission

―. We create and broadcast new knowledge for the advancement and happiness of the whole human race.

―. We do our best to improve ourselves and the organization, with the ultimate goal of striving to be the best content group in the world.

―. We try to realize the highest quality of welfare system in both mental and physical ways and we behave in a manner that reflects our mission as proud members of HanEon Community.

Our Vision   HanEon will be the leading Success Model of the content group.